Journalistische Praxis

Gegründet von
Walther von La Roche

Herausgegeben von
Gabriele Hooffacker

Der Name ist Programm: Die Reihe Journalistische Praxis bringt ausschließlich praxisorientierte Lehrbücher für Berufe rund um den Journalismus. Praktiker aus Redaktionen und aus der Journalistenausbildung zeigen, wie's geht, geben Tipps und Ratschläge. Alle Bände sind Leitfäden für die Praxis – keine Bücher über ein Medium, sondern für die Arbeit in und mit einem Medium. Seit 2013 erscheinen die Bücher bei SpringerVS (vorher: Econ Verlag).

Die gelben Bücher und die umfangreichen Webauftritte zu jedem Buch helfen dem Leser, der sich für eine journalistische Tätigkeit interessiert, ein realistisches Bild von den Anforderungen und vom Alltag journalistischen Arbeitens zu gewinnen. Lehrbücher wie „Sprechertraining" oder „Frei sprechen" konzentrieren sich auf Tätigkeiten, die gleich in mehreren journalistischen Berufsfeldern gefordert sind. Andere Bände begleiten Journalisten auf dem Weg ins professionelle Arbeiten bei einem der Medien Presse („Zeitungsgestaltung", „Die Überschrift"), Radio, Fernsehen und Online-Journalismus, in einem Ressort, etwa Wissenschaftsjournalismus, oder als Pressereferent/in oder Auslandskorrespondent/in.

Jeden Band zeichnet ein gründliches Lektorat und sorgfältige Überprüfung der Inhalte, Themen und Ratschläge aus. Sie werden regelmäßig überarbeitet und aktualisiert, oft sogar in weiten Teilen neu geschrieben, um der rasanten Entwicklung in Journalismus und Neuen Medien Rechnung zu tragen. Viele Bände liegen inzwischen in der dritten, vierten, achten oder gar, wie die „Einführung" selbst, in der neunzehnten völlig neu bearbeiteten Auflage vor. Allen Bänden gemeinsam ist der gelbe Einband. Er hat den Namen „Gelbe Reihe" entstehen lassen – so wurden die Bände nach ihrem Aussehen liebevoll von Studenten und Journalistenschülern getauft.

Gegründet von
Walther von La Roche

Herausgegeben von
Gabriele Hooffacker

Markus Kaiser

Recherchieren

klassisch – online – crossmedial

Markus Kaiser
MedienCampus Bayern e.V.
München, Deutschland

ISBN 978-3-658-08720-3   ISBN 978-3-658-08721-0 (eBook)
DOI 10.1007/978-3-658-08721-0

Die Deutsche Nationalbibliothek verzeichnet diese Publikation in der Deutschen Nationalbibliografie; detaillierte bibliografische Daten sind im Internet über http://dnb.d-nb.de abrufbar.

Springer VS
© Springer Fachmedien Wiesbaden 2015
Das Werk einschließlich aller seiner Teile ist urheberrechtlich geschützt. Jede Verwertung, die nicht ausdrücklich vom Urheberrechtsgesetz zugelassen ist, bedarf der vorherigen Zustimmung des Verlags. Das gilt insbesondere für Vervielfältigungen, Bearbeitungen, Übersetzungen, Mikroverfilmungen und die Einspeicherung und Verarbeitung in elektronischen Systemen.

Die Wiedergabe von Gebrauchsnamen, Handelsnamen, Warenbezeichnungen usw. in diesem Werk berechtigt auch ohne besondere Kennzeichnung nicht zu der Annahme, dass solche Namen im Sinne der Warenzeichen- und Markenschutz-Gesetzgebung als frei zu betrachten wären und daher von jedermann benutzt werden dürften.

Der Verlag, die Autoren und die Herausgeber gehen davon aus, dass die Angaben und Informationen in diesem Werk zum Zeitpunkt der Veröffentlichung vollständig und korrekt sind. Weder der Verlag noch die Autoren oder die Herausgeber übernehmen, ausdrücklich oder implizit, Gewähr für den Inhalt des Werkes, etwaige Fehler oder Äußerungen.

Gedruckt auf säurefreiem und chlorfrei gebleichtem Papier.

Springer Fachmedien Wiesbaden GmbH ist Teil der Fachverlagsgruppe Springer Science+Business Media
(www.springer.com)

Vorwort

Falsche Reihenfolge, aufpolierte Teilnehmerzahlen – der ADAC hat mehrere Jahre beim Preis „Gelber Engel" getrickst. Illegale Parteispenden, schwarze Konten – die CDU hat in der Ära Helmut Kohl lange Jahre ihre Wahlkämpfe unrechtmäßig finanziert. Schleichwerbung in den Vorabendserien „Marienhof" und „In aller Freundschaft" – über zehn Jahre hinweg haben Unternehmen ihre Produkte unerlaubt in den beiden ARD-Serien platziert.

All diese Skandale haben gemeinsam, dass sie von Journalisten aufgedeckt worden sind. Harte Arbeit hat dies bedeutet, denn natürlich gehen Verbände, Parteien und Unternehmen nicht offensiv mit ihren Verfehlungen um. In der Regel wissen dort auch nur wenige, was genau gelaufen ist. Spannend für Journalisten ist es in diesen Fällen, auch die Hintergründe und die handelnden Personen zu recherchieren. Nicht selten werden durch die Berichterstattung über Skandale Karrieren beendet, Menschen verlieren ihren Job oder wandern für einige Jahre ins Gefängnis. Dies zeigt, dass Journalisten bei der Recherche eine hohe Verantwortung tragen und sich derer auch immer bewusst sein sollten.

Denn auch falsche Verdächtigungen können Konsequenzen haben. Als im März 2012 in Emden ein elfjähriges Mädchen in einem Parkhaus in der Innenstadt gewaltsam getötet worden war, wurde zunächst ein Unbeteiligter verhaftet. Über Facebook wurden Meldungen über dessen Festnahme verbreitet: Ein 18-Jähriger rief dazu auf, sich vor dem Emder Polizeikommissariat zu versammeln. Etwa 45 bis 50 zumeist junge Menschen folgten diesem Aufruf. Der Mob löste sich erst in den Nachtstunden auf. Später wurde der wahre Täter verhaftet. Er gestand das Verbrechen einen Tag später und wurde im November 2012 wegen Mordes verurteilt. Auch gegen die Rädelsführer des Lynchmobs wurde strafrechtlich vorgegangen. Dieses Beispiel zeigt, welche Verantwortung die Medien in solchen Fällen tragen, nicht vorschnell zu urteilen. Auch bei falschen Verdächtigungen bleibt an den Betroffenen immer etwas hängen.

Bei investigativer Recherche (mehr dazu in einem eigenen Kapitel) muss es nicht immer gleich um eine Staatsaffäre gehen. Auch im Lokaljournalismus können Skandale aufgedeckt werden. Vor der Kommunalwahl 2014 hat die „Süddeutsche Zeitung" beispielsweise recherchiert, dass ein Landrat in Oberbayern sich seine Feier zum 60. Geburtstag von der ortsansässigen Sparkasse und dem Landkreis für über 100.000 Euro finanzieren hat lassen. Er selbst hat nur 7600 Euro dazugezahlt. Der Landrat musste seine erneute Kandidatur nach den Medienberichten zurückziehen. Die Medien als vierte Gewalt im Staate neben Regierung, Parlament und Justiz haben hier ihre Kontrollfunktion erfolgreich erfüllt.

Der kritische Blick lohnt sich immer. Schon Schülerzeitungen können mit Recherchen Missstände aufklären. Ein aufmerksamer Juniorredakteur hatte beispielsweise beobachtet, dass sein Deutschlehrer nach Schulbeginn mit dem Auto in den Schulhof gefahren kam, dort sein Fahrrad unauffällig aus dem Kofferraum ausgeladen und dieses dann in den Fahrradkeller geschoben hat. Im Unterricht gab sich der Lehrer als überzeugter Radfahrer und Umweltschützer. Und dann schien er nur so zu tun, als würde er täglich den Schulweg mit dem Rad zurücklegen. Über diesen Widerspruch berichtete die Schülerzeitung. Natürlich ließ die Redaktion – dies gehört zu fairer Berichterstattung – auch den Lehrer zu Wort kommen, um seine Sichtweise einfließen zu lassen und die Möglichkeit zur Rechtfertigung einzuräumen.

Diese Beispiele zeigen, dass Recherche das Kernstück des Journalismus ist. Wer nicht recherchiert, hat nichts zu berichten. Wer sich nur im Kopf Geschichten ausdenkt, ohne vorher Fragen zu stellen, online zu suchen und Unterlagen zu sichten, kann einen fiktionalen Text schreiben und als Romanautor arbeiten. Aber nicht als Journalist. Doch selbst für Belletristik, Spielfilme und Games wird vorab recherchiert; schließlich soll die erfundene Geschichte möglichst authentisch wirken, und die Rahmendaten müssen passen. Wer das Drehbuch für einen „Tatort" schreibt, braucht einen Einblick in die Ermittlungsarbeit der Polizei und Grundkenntnisse in Jura. Wer einen historischen Roman verfasst, muss sich mit der Geschichtsschreibung über die jeweilige Zeit befasst haben.

Auch für andere Berufe spielt Recherche eine entscheidende Rolle. Wer für ein Unternehmen oder einen Verband eine Pressemitteilung verfasst, muss auch hierfür die Fakten kennen und herausfinden, ob es von Seiten der Konkurrenz dazu Äußerungen gibt. Wer als wissenschaftlicher Mitarbeiter für einen Parlamentarier arbeitet, muss recherchieren, bevor er dessen Reden, Namensartikel oder Pressemeldungen schreibt. Deshalb ist dieses Buch nicht ausschließlich für Journalisten konzipiert, sondern soll auch anderen Berufsgruppen eine Hilfe beim Recherchieren bieten.

Vorwort

Im ersten Kapitel dieses Buchs werden zunächst Grundbegriffe geklärt und die Frage beantwortet, warum Recherche überhaupt sinnvoll und nützlich ist. Leider vernachlässigen viele Redaktionen aus Zeitnot die Informationsbeschaffung. Die Journalisten gehen, wenn überhaupt, auf Pressekonferenzen und plappern in der Zeitung oder in der Nachrichtensendung im Fernsehen nach, was der Politiker, der Verbandsboss oder der Unternehmenslenker erzählt hat. Noch schlimmer: Journalisten machen bei einer Pressemitteilung Copy & Paste und veröffentlichen diese wortwörtlich und ungeprüft in ihrer Zeitung, Zeitschrift oder auf ihrer Website. In Lokalzeitungen wurde sogar schon einmal versehentlich das Kürzel des Pressesprechers unter dem Artikel einfach übernommen. Noch peinlicher: Eine Zeitung druckte die Floskel ab: „Wir setzen damit neue Maßstäbe." Mit „wir" war ursprünglich das Unternehmen gemeint; gedruckt wirkte es nun so, als ob das Medium diese Sichtweise für sich reklamiert. Solche Fehler findet man zum Beispiel auch immer wieder in den Postings der Facebook-Fanpage „Perlen des Lokaljournalismus", der sich mittlerweile über 100.000 User angeschlossen haben.

Copy & Paste und unreflektiertes Nachplappern hat mit Journalismus nichts zu tun. Eine Journalismus-Professorin geht in ihrer Definition sogar so weit, dass sie alles, was nur auf einer Quelle basiert, als Public Relation betrachtet. Dass dies aufgrund des hohen Zeitdrucks und der Personalengpässe in zahlreichen Redaktionen immer wieder vorkommt, ist wohl einer der Hauptgründe mit, warum diese Medien mit Auflagenrückgängen und einem schlechten Image zu kämpfen haben. Qualitätsmedien wie die Wochenzeitung „Die Zeit" belegen, dass man mit hervorragender Recherche immer noch seine Leser findet.

Recherche muss gut geplant sein. Wie dies funktioniert, wird im zweiten Kapitel aufgezeigt. Insbesondere bei komplexeren Themen sollte man sich einen Rechercheplan anlegen, damit man zu jedem Zeitpunkt der Recherche den Überblick behält. Mit welchen Werkzeugen und Methoden man recherchiert, wird in den weiteren beiden Kapiteln gezeigt. Im dritten Kapitel geht es um Recherchewerkzeuge in der analogen Welt, im vierten Kapitel in der digitalen Welt.

Eigene Kapitel widmen sich dem Umgang mit Informanten und der investigativen Recherche. Auch die rechtlichen Aspekte spielen bei der Recherche eine bedeutende Rolle: Zum einen sollte man wissen, auf was man als Journalist achten muss, zum anderen sollte man auch seine Rechte nach den jeweiligen Pressegesetzen der Länder oder dem Informationsfreiheitsgesetz kennen. Wichtig in diesem Zusammenhang ist auch der Pressekodex des Deutschen Presserats. Das vorletzte Kapitel widmet sich schließlich speziellen Rechercheformen für Porträts, Reportagen, Feature und den Bereich Public Relations. Zum Schluss geht es um die Frage, welche Seminare man besuchen kann, wie man Recherchestipendien erhält und wie man seine Recherchen mit Crowdfunding finanzieren kann.

Begleitend zum Buch gibt es im Internet weiterführende Informationen unter www.gelbe-reihe.de/recherchieren. Der Online-Auftritt wurde konzipiert und gestaltet von Studierenden des Masterstudiengangs Medienmanagement 13 sowie des Bachelor-Studiengangs Medientechnik 13 an der HTWK Leipzig.

Liebe Leserinnen, liebe Leser, aufgrund der besseren Lesbarkeit der Beiträge wurde darauf verzichtet, jeweils die Bezeichnungen für beide Geschlechter zu verwenden. Die männliche Form schließt jedoch selbstverständlich stets die weibliche Bezeichnung mit ein.

Mein Dank gilt den Interviewpartnern für dieses Buch, meinem Team beim MedienCampus Bayern und Mediennetzwerk Bayern mit Veronika Alz, Franziska Baur, Sarah Becker, Aline-Florence Buttkereit, Marita Reich sowie Matthias Schäffner und Mediennetzwerk-Koordinator Karl-Georg Nickel, Lektorin und Ideengeberin Gabriele Hooffacker und den vielen anderen Gesprächspartnern, mit denen ich mich über das Thema „Recherchieren" in den vergangenen Jahren ausgetauscht habe. Nicht zuletzt danke ich den Studierenden der Technischen Hochschule Nürnberg Georg Simon Ohm, der Friedrich-Alexander-Universität Erlangen-Nürnberg, der Hochschule Ansbach und der Macromedia-Hochschule, wo ich in meiner Lehre immer wieder wichtige Impulse für dieses Buch erhalten habe.

München, im Januar 2015   Markus Kaiser
m.kaiser@hochschulseite.de

Der Autor

Markus Kaiser, geb. 1978 in Nürnberg, Journalist, Dozent und Geschäftsstellenleiter des MedienCampus Bayern/MedienNetzwerk Bayern, München (www.mediencampus.de bzw. www.mediennetzwerk-bayern.de). Studium der Politischen Wissenschaft und Geschichte an der Friedrich-Alexander-Universität Erlangen-Nürnberg. Redakteur der „Nürnberger Zeitung" (Sport, Hochschule und Wissenschaft), daneben tätig unter anderem für „Die Welt", die „Süddeutsche Zeitung", kicker.de sowie die Deutsche Presse-Agentur und Pressearbeit für den Deutschen Fußball-Bund. Lehraufträge unter anderem an der Friedrich-Alexander-Universität Erlangen-Nürnberg, Technischen Hochschule Nürnberg Georg Simon Ohm, Hochschule Ansbach und MHMK – Macromedia Hochschule für Medien und Kommunikation. Herausgeber von „Special Interest" (Berlin 2012), „P-Seminar Medien" (München 2013), „Innovation in den Medien" (München 2013), „Ringvorlesung Games" (München 2014) und „Berufe in den Medien" (München 2014). Initiator und Mitbegründer der Crossmedia-Arbeitsgruppe Bayern. Spezialgebiete: Recherche, Crossmedia, Social Media und Innovationen in den Medien. Kontakt: m.kaiser@hochschulseite.de bzw. www.markus-kaiser.org.

Inhaltsverzeichnis

1	**Grundbegriffe der Recherche**	1
2	**Planung der Recherche**	9
2.1	Themen finden	10
2.2	Rechercheplan, Befragungsplan, Rechercheprotokoll	15
2.3	Quellen prüfen	21
2.4	Die Gegenseite zu Wort kommen lassen	24
2.5	Mit Zahlen richtig umgehen	26
3	**Recherchewerkzeuge in der analogen Welt**	33
3.1	Pressekonferenz und Pressegespräch	34
3.2	Pressemitteilungen	37
3.3	Interview	40
3.4	Hintergrundgespräch	47
3.5	Veranstaltungen	48
3.6	Telefon, Videoaufzeichnung und E-Mail	51
3.7	Archive und Bibliotheken	54
3.8	Konkurrenzmedien	54
3.9	Originalquellen	55
3.10	Interview mit Marco Puschner: Heute Schabrackentapire, morgen Nahverkehr	56
4	**Recherchewerkzeuge in der digitalen Welt**	59
4.1	Suchmaschinen	59
4.2	Internetseiten	64
4.3	Das unsichtbare Internet	74
4.4	Social Media	76
4.5	Newsletter	84

4.6	Foren, Mailinglisten & Newsgroups	85
4.7	Online-Datenbanken	86
4.8	Datenjournalismus und Big Data	88
4.9	Interview mit Albrecht Ude: „Das Deep Web spielt eine sehr große Rolle"	91

5 Umgang mit Informanten ... 95
- 5.1 Aufbau von Informantennetzwerken und Kontaktpflege ... 97
- 5.2 Informantenschutz ... 100
- 5.3 Interview mit Peter Welchering: Wenn der Pressesprecher die besuchten Websites kennt ... 103

6 Investigative Recherche ... 107
- 6.1 Undercover-Recherche ... 111
- 6.2 Leaking-Plattformen ... 113
- 6.3 Recherche im extremistischen Umfeld ... 115
- 6.4 Interview mit Uwe Ritzer: „Man gibt nicht auf, man bohrt bei investigativen Recherchen" ... 116

7 Rechtliche Aspekte bei der Recherche ... 119
- 7.1 Besondere Auskunftsrechte für Journalisten ... 121
- 7.2 Informationsfreiheitsgesetz ... 123
- 7.3 Weitere Gesetze ... 124
- 7.4 Register und behördliche Verzeichnisse ... 125
- 7.5 Pressekodex ... 127
- 7.6 Interview mit Oliver Schlappat: „Generell nimmt die Zahl der Beschwerden zu" ... 130

8 Spezielle Rechercheformen ... 133
- 8.1 Recherche für Porträts ... 134
- 8.2 Recherche für Reportagen ... 136
- 8.3 Recherche für Features ... 138
- 8.4 Recherche für Pressemitteilungen ... 140

9 Ausbildung, Stipendien, Crowdfunding ... 143
- 9.1 Aus- und Fortbildung ... 143
- 9.2 Stipendien ... 145
- 9.3 Crowdfunding ... 146

Grundbegriffe der Recherche 1

Zusammenfassung

Im ersten Kapitel geht es um Grundbegriffe und eine Definition von Recherche. Recherchieren heißt: Fragen stellen, Realität rekonstruieren, Neues herausfinden, Pläne aufdecken und vieles mehr. Anhand von Beispielen wird gezeigt, warum Recherche wichtig ist und wie sie funktioniert.

„Recherchieren Sie mal!", sagt der Redaktionsleiter zum Praktikanten. Was genau soll der Nachwuchsjournalist nun machen? Was bedeutet der Begriff Recherche? Er stammt aus dem Französischen: *rechercher* bedeutet *suchen nach*. In den USA und in Großbritannien wird der Begriff *research* bzw. *investigation* verwendet.

„Recherche ist nichts anderes als das mühselige Beschaffen von Informationen", schreibt Matthias Brendel in „Richtig recherchieren"[1]. Dies macht bereits deutlich, dass es beim Recherchieren eben nicht darum geht, lediglich die Plattform für den Abdruck oder das Veröffentlichen von Pressemitteilungen zu bieten. *Mühselig* ist das Beschaffen der Informationen. Das heißt, besonders dann lohnt sich Recherche, wenn die Informationen nicht offenkundig sind, bestenfalls (wie beim ADAC-Skandal) geheim gehalten werden sollen. Genau hier hinein zu stochern, sorgt für bislang unbekannte Nachrichten und später für einen interessanten und spannenden Bericht.

Fragen, Fragen, Fragen: Der emeritierte Leipziger Journalistik-Professor und „Spiegel"- sowie „Zeit"-Redakteur Michael Haller legt in seiner Definition den Fokus vor allem auf das Gespräch mit Menschen: „Recherchieren bedeutet tatsächlich nichts anderes als: Fragen stellen. Richtiges Recherchieren heißt demnach, die

---

[1] Matthias Brendel/Frank Brendel/Christian Schertz/Henrik Schreiber, Richtig recherchieren: Wie Profis Informationen suchen und besorgen (Frankfurt am Main: F.A.Z.-Institut, 6. Aufl. 2004): S. 11.

© Springer Fachmedien Wiesbaden 2015
M. Kaiser, *Recherchieren*, Journalistische Praxis, DOI 10.1007/978-3-658-08721-0_1

richtigen Fragen zum richtigen Zeitpunkt an die richtigen Leute zu stellen, ..."[2] Recherchieren ist demnach *nicht* in erster Linie, Pressemitteilungen umschreiben, zu googeln oder auf Wikipedia zu suchen.

Michael Haller glaubt, dass sich durch den persönlichen Kontakt und das geschickte Fragen die meisten Informationen herausfinden lassen. „Das Recherchieren ist im engeren Sinne ein Verfahren zur Beschaffung und Beurteilung von Aussagen, die ohne dieses Verfahren nicht preisgegeben, also nicht publik würden. Im weiteren Sinne ist es ein Verfahren zur adäquaten Abbildung realer, das heißt sinnlich wahrgenommener Wirklichkeit mit den Mitteln der Sprache."[3] Bei manchen Fernsehjournalisten grassiert vor allem bei kurzen, schnellen Politikerinterviews die Unsitte, statt einer echten Frage dem Minister das Mikrofon vor den Mund zu halten und einfach nur „Und?" zu sagen. Statt einer klugen Frage bietet man dem Politiker so die Möglichkeit, sein Statement abzugeben, egal zu was. Der frühere Bundeskanzler Gerhard Schröder hat diese Redakteure einmal als „Und?-Journalisten" verspottet.

Dass Fragen stellen zum Handwerkszeug eines Journalisten gehört, hatte der Verleger der Online-Zeitung „Pasadena Now" aus den USA zunächst übersehen. Der „Spiegel" (Ausgabe 52/2008) hat darüber berichtet, wie er Pressekonferenzen und Stadtratssitzungen von Rentnern ehrenamtlich filmen und die Videos nach Indien schicken hat lassen. Dorthin hatte er die Redaktion ausgelagert, die aufgrund der Videos dann die Texte für seine Website verfasste. Der Medienunternehmer musste nach einiger Zeit aber einsehen, dass sein Modell gescheitert war. Schließlich kannte weder in Bangalore noch in Neu-Delhi jemand die Befindlichkeiten und Hintergründe in Pasadena.

Das Netzwerk Recherche, ein Zusammenschluss investigativ recherchierender Journalisten, reduziert die Aufgabe der Recherche auf eine spezielle Frage: „Recherche will Realitäten rekonstruieren."[4] Es geht also darum herauszufinden, wie die Politiker bei der CDU-Spendenaffäre das Schwarzgeld erhalten und wieder in den Wahlkampf gesteckt haben, wer daran beteiligt war und wie die Abläufe im Detail waren. Oder wie man und über wen man bei der ARD-Serie „Marienhof" für sein Produkt Schleichwerbung buchen konnte.

Die Definition des Netzwerks Recherche ist allerdings nicht umfassend, da sie nur in die Vergangenheit gerichtet ist. Journalisten sollen genauso versuchen herauszufinden, wer als neuer Trainer beim VfL Wolfsburg im Management hoch

---

[2] Michael Haller, Recherchieren (Konstanz: UVK, 7. Aufl. 2008): S. 13.
[3] Michael Haller, Recherchieren (Konstanz: UVK, 7. Aufl. 2008): S. 13.
[4] Netzwerk Recherche (Hrsg.), Trainingshandbuch Recherche (Wiesbaden: Westdeutscher Verlag, 2003): S. 13.

1 Grundbegriffe der Recherche

Abb. 1.1 Titanic online (www.titanic-magazin.de)

im Kurs steht, welche Verbesserungen das neue, erst in einem Monat vorgestellte Smartphone gegenüber des Vorgängermodells hat und wer neuer Ministerpräsident in Thüringen wird. Das heißt, Recherche ist auch auf die Zukunft gerichtet.

„Die Kür des Journalismus" sieht Journalist und Sprachkritiker Wolf Schneider in der Recherche: „Nur so erfahren die Menschen die Ereignisse, die ohne die Mühe des Journalisten niemals ans Licht gekommen wären. Keine journalistische Aufgabe ist schwieriger, aber auch so abhängig von Zufällen, vom Glück – und von einer detektivischen Kleinarbeit. Nur der Fleißige und Couragierte nimmt sie auf sich."[5]

Wolf Schneider meint damit die eigenständige, hartnäckige, investigative Recherche – und nicht das beiläufige Aufschnappen von Informationen. Das Satiremagazin „Titanic" hat eine Grafik entworfen, wie heute recherchiert wird (Abb. 1.1). Leider ist dies für einige Medien keine Satire oder Überspitzung, sondern Realität.

---

[5] Wolf Schneider/Paul-Josef Raue, Das neue Handbuch des Journalismus (Bonn: Bundeszentrale für politische Bildung, 2006): S. 52.

Die Frage, warum Recherche wichtig ist, beantwortet die Grafik der „Titanic" von selbst: Wer nur von anderen abschreibt, findet keine Neuigkeiten, keine Geschichten. Zumindest einen neuen Blickwinkel auf ein beschriebenes Phänomen sollte der eigene Beitrag enthalten. Oder andere, weitere Gesprächspartner, die sich zu einem Thema, einem Vorgang oder einem Skandal äußern. Nur das zu recyceln, was ohnehin im Netz steht, bringt noch keinen Mehrwert.

„Wie haben Sie eigentlich früher recherchiert, als es Google noch nicht gab?", ist Hans Leyendecker, Ressortleiter für Investigative Recherche der „Süddeutschen Zeitung" in München, von einer jungen Kollegin gefragt worden.[6] Dies bringt das Missverständnis auf den Punkt: Alles, was man als Journalist, wissenschaftlicher Mitarbeiter oder Pressereferent wissen muss, steht bereits im Netz. Dabei zeigen wissenschaftliche Untersuchungen, dass gerade Journalisten diejenigen sind, die neue Informationen als Erstes im Netz publizieren. Der Nutzer konsumiert und kommentiert stattdessen lieber. Ohne Offline-Recherche würde sich das Netz nur um sich selbst drehen, und Journalisten würden keinen *Scoop* (exklusive Meldung) mehr landen.

In Redaktionen gibt es verschiedene Aufgaben bzw. Funktionen, die Journalisten übernehmen: Der Chef vom Dienst ist das Verbindungsglied zwischen Redaktion, Technik und Anzeigenabteilung, manche Redakteure planen die Zeitungsseiten bzw. den Sendungsablauf und koordinieren die Themen, andere schreiben zu aktuellen Ereignissen Kommentare oder Leitartikel und wiederum andere sind als Reporter vor Ort.[7] Wer kommentiert, muss sich zwar auf den neuesten Stand bringen und die Themen durchdenken, er benötigt aber nicht zwingend originäre, exklusive Informationen.

Auch Kommentatoren müssen aber überprüfen, ob die Grundlagen ihres journalistischen Beitrags wahr sind oder auf einer *Ente* (Falschmeldung) beruhen. Wer nur Teile oder Unwahrheiten kennt, kann keinen seriösen Kommentar verfassen, ob ein Politiker wegen einer vermeintlichen Plagiatsaffäre zurücktreten soll. Oder wer die Guten und wer die Bösen in einem militärischen Konflikt sind.

Recherche ist wichtig, um Falschmeldungen zu vermeiden. Immer wieder fallen Journalisten auf Fehler auf „Wikipedia" herein. „Müssen wir uns diesen Namen merken?" hat im Februar 2009 die „BILD" getitelt und alle Vornamen

---

[6] Netzwerk Recherche (Hrsg.), nr-Werkstatt Nr. 9: Quellenmanagement – Quellen finden und öffnen (Hamburg: Eigenverlag, 2008): S. 25.

[7] Einen Überblick über die verschiedensten Berufsbilder im Medienbereich gibt das Buch: Sarah Becker/Markus Kaiser (Hrsg.), Berufe in den Medien: Journalismus, Film, Games, Medientechnik, Management, Theater, Musik (München: Verlag Dr. Gabriele Hooffacker, 2014). Informationen dazu können außerdem im MedienWiki des Verlags Springer VS und des MedienCampus Bayern unter www.medienwiki.org abgerufen werden.

1 Grundbegriffe der Recherche

des neuen Bundeswirtschaftsministers Karl-Theodor Freiherr von und zu Guttenberg aufgezählt. Der Schönheitsfehler: Ein Journalist und Blogger hatte zuvor den Eintrag in der Online-Enzyklopädie manipuliert und zu Maria, Nicolaus, Johann, Sylvester den weiteren Vornamen Wilhelm hinzugefügt – mit dem Ziel, den Medien auf den Zahn zu fühlen. Einen *Hoax* nennt man solche Scherze bzw. bewussten Falschmeldungen im Netz.

Ein Fehler wie der falsche Wilhelm sorgt für keinen materiellen Schaden, er stellt niemanden ungerecht an den Pranger, um Leib und Leben muss auch niemand fürchten. Für die Glaubwürdigkeit eines Mediums sind oftmals allerdings die kleinen Fehler entscheidend. „Wenn schon der Vorname nicht stimmt, wie soll dann erst der Rest der Geschichte stimmen?", fragen sich Leser. Nachwuchsjournalisten lernen, dass sie insbesondere bei Namen korrekt sein müssen, weil Fehler dabei besonders schnell auffallen.

Heikler sind Fälle wie die erfundenen „Hitler-Tagebücher", auf die das Magazin „Stern" im Jahr 1983 hereingefallen war. Der „Stern" veröffentlichte die von dem Fälscher Konrad Kujau erstellten Tagebücher, ohne auf das endgültige Ergebnis einer bereits angelaufenen Echtheitsuntersuchung des Bundeskriminalamtes zu warten. Dabei stellte sich später heraus, dass es sich zweifelsfrei um eine Fälschung gehandelt hatte. Dieser Recherchefehler gilt als einer der größten Skandale in der deutschen Pressegeschichte.

Selbst Hans Leyendecker war nicht unfehlbar. Als seinen „verheerendsten Fehler" betrachtet der heutige Redakteur der „Süddeutschen Zeitung" eine Titelgeschichte seines früheren Arbeitgebers „Spiegel" aus dem Jahr 1993 zur angeblichen Hinrichtung des RAF-Mitgliedes Wolfgang Grams in Bad Kleinen. Er hatte diese sogar auf zwei Quellen aufgebaut, die sich später allerdings nicht verifizieren ließen. Eine der Quellen, eine eidesstattliche Versicherung, die dem Fernsehmagazin „Monitor" vorlag, erwies sich als falsch; die zweite schützt Leyendecker bis heute.

Nicht nur für recherchierende Journalisten ist Recherche wichtig. Auch wer (wie oben beschrieben) in der Redaktion sitzt und fremde Texte redigiert, sollte einen kritischen Blick auf das Material werfen. Ansonsten wäre womöglich das „SZ-Magazin" aus München im Jahr 2000 nicht auf erfundene Interviews ihres Autors Tom Kummer mit Promis aus Hollywood hereingefallen. Nach den Enthüllungen durch das Nachrichtenmagazin „Focus" waren beide Chefredakteure entlassen worden.

Im Lokaljournalismus spielt eine ordentliche Recherche eine nicht minder wichtige Rolle. Seit dem Jahr 2004 überwacht der „BILDblog" (www.bildblog.de) als ein so genannter *Watchblog* zunächst die größte Boulevardzeitung Europas, später dann auch das Geschehen in weiteren deutschen Medien.

Abb. 1.2 Wer hat die Buchstaben ACAB in der Stadt überall hingesprüht? Ein Journalist berichtete, ohne richtig zu recherchieren. (Foto: Markus Kaiser)

Der „BILDblog" hat zum Beispiel das Thema aufgegriffen, dass ein Redakteur einer lokalen Tageszeitung sich in einem Beitrag über einen vermeintlichen türkischen Jugendlichen namens Acab echauffiert hatte, der überall in der Stadt seinen Namen als Graffiti geschrieben habe (Abb. 1.2). Der Redakteur hatte nicht recherchiert, dass ACAB für „All cops are bastards" steht, sondern sich auf die Vermutung einer Bekannten beim gemeinsamen Gassigehen mit ihren Hunden verlassen. Der lokalen Zeitung wurde prompt im Netz Fremdenfeindlichkeit vorgeworfen – wobei es sich vielmehr um einen eklatanten Recherchefehler gehandelt hatte. Dies zeigt, als Journalist sollte man eine Grundskepsis besitzen und nichts ungeprüft veröffentlichen. Nicht unbedingt der Überbringer einer *schlechten* Nachricht wird im Journalismus geköpft; Ärger gibt es vor allem für den Überbringer einer *falschen* Nachricht.

Um praktische Tipps zum Recherchieren soll es in diesem Lehrbuch gehen. Wer sich für die Geschichte des Recherchierens oder Recherchetheorien interessiert, dem sei das Standardwerk „Recherchieren" des früheren Journalistik-Professors und geschätzten Journalistenkollegen Michael Haller als optimale Ergänzung empfohlen.

Weiterführende Literatur
Michael Haller, Recherchieren (Konstanz: UVK, 7. Aufl. 2008).

Planung der Recherche 2

> **Zusammenfassung**
>
> Wie plant man eine Recherche? Wie legt man einen Rechercheplan an und wie hält man die Ergebnisse in einem Rechercheprotokoll fest? Außerdem wird beschrieben, wie man Quellen prüft und warum man die Gegenseite immer zu Wort kommen lassen muss.

Als Journalist benötigt man, wie Wolf Schneider beschrieben hat, auch Glück. Die Recherche sollte aber nicht dem Zufall überlassen bleiben. In diesem Kapitel geht es deshalb darum, wie man seine Recherche plant und strukturiert angeht.

> **Die Arbeit lässt sich in drei Phasen untergliedern**[1]
>
> **1. Phase – vor dem Recherchieren:** Hier geht es darum, ein Thema bzw. eine Geschichte zu finden bzw. auszuwählen, über die man berichten möchte. Man formuliert eine Fragestellung bzw. Recherchethese, identifiziert (erste) Gesprächspartner und erstellt einen Zeitplan für die Recherche. Auch sollte man sich überlegen, in welcher Reihenfolge man die Gesprächspartner anrufen bzw. treffen möchte.
>
> **2. Phase – beim Recherchieren:** Neue Informationen werden gesammelt, die erhaltenen Informationen überprüft, der Verlauf der weiteren Recherche wird angepasst und aktualisiert. Während des Recherchierens werden weitere Gesprächspartner gefunden und kontaktiert. Die ursprüngliche Recherchethese wird bei Bedarf verworfen bzw. angepasst.

---

[1] Vgl. Jürgen Landwehr, Matthias Mitzschke, Rolf Paulus, Praxis der Informationsermittlung (München: Wilhelm Fink Verlag, 1978): S. 23 ff.

> **3. Phase – nach dem Recherchieren:** Nun geht es darum, die Informationen auszuwerten, sie sinnvoll zu strukturieren und den journalistischen Beitrag, die Pressemitteilung oder das Redemanuskript konkret zu planen bzw. zu verfassen.

2.1 Themen finden

Um manche Themen kommt eine Redaktion nicht herum: Wenn die Bundeskanzlerin ihre Regierungserklärung abgibt, muss der Hauptstadtkorrespondent darüber berichten. Wenn die Fußball-Nationalmannschaft ein Länderspiel gegen Argentinien austrägt, macht sich der Sportreporter auf den Weg ins Stadion. Wenn der Weihnachtsmarkt eröffnet, der neue Oberbürgermeister gewählt wird oder die Freizeitmesse stattfindet, sind die Themen für den Lokalredakteur gesetzt. Hier handelt es sich um Pflichttermine, über die berichtet werden muss. Sie lassen sich gut planen. Spannender und für den Leser häufig auch interessanter sind Themen, die man als Journalist selbst findet. Oftmals liegen sie sprichwörtlich auf der Straße.

In den beiden Kapiteln „Recherchewerkzeuge in der analogen Welt" und „Recherchewerkzeuge in der digitalen Welt" wird beschrieben, welche Möglichkeiten es zur Recherche gibt. Nicht selten erhält man auch zum Beispiel auf einer Pressekonferenz oder bei einer Recherche in sozialen Netzwerken Hinweise auf ganz andere Themen, die zunächst gar nicht im eigenen Fokus standen.

Wer mit offenen Augen und Ohren durch die Stadt geht, spürt fast immer Themen auf und entwickelt Ideen für eine Reportage, einen Fernsehbeitrag oder eine Audio-Slideshow. Beim Weg in die Redaktion ist Ihnen aufgefallen, dass es zwei neue Spielcasinos in der Stadt gibt. Ein riesiges Plakat kündigt an, dass ein Zirkus in die Stadt kommt. Beim Bäcker ärgert sich eine Kundin über die neuen Einbahnstraßen-Regelungen in ihrem Stadtviertel. Im Schaufenster eines Traditionsgeschäfts hängt ein Schild „zu vermieten". So erhält man spannendere Themen, als wenn man den ganzen Tag am Schreibtisch sitzt.

Wenn man selbst keine Zeit hat, sich mit diesem Thema zu beschäftigen, weil man in dieser Woche zum Redigieren der Texte von freien Mitarbeitern eingeteilt ist oder eine Reihe an Pflichtterminen besuchen muss, kann man die Themenideen zumindest innerhalb seiner Redaktion weitergeben. Auch freie Journalisten, die an das Medium gebunden sind, freuen sich über die Anregung. Womöglich gibt einem ein Kollege dafür wiederum einen Tipp, wenn man selbst mehr Zeit zur freien Recherche hat.

2.1 Themen finden

Arbeit und Freizeit lassen sich bei einem Journalisten nicht trennen wie bei einem Verwaltungsangestellten in der Kfz-Zulassungsstelle. Häufig stößt man als Journalist gerade dann auf ein Thema, wenn man mit seinen Neffen im Freizeitpark, mit seinen Freunden zum Grillen am See oder mit seiner Frau im Kino ist. Themen finden funktioniert nicht auf Knopfdruck. Das bedeutet auch, dass man als Journalist quasi immer im Dienst ist, immer für Neues offen sein sollte (auch wenn die harte Recherche und das Schreiben des Textes natürlich in der Regel in der Arbeitszeit erfolgen).

Geschäftspartner und Freunde können beide Informanten für ein Thema sein. Der Bekannte, der von den Nachwuchssorgen der Tennisabteilung berichtet, ist genauso wertvoll wie ein Vereinspräsident, der einem Informationen steckt. Man sollte aber den Blick nicht nur für Themen haben, die aus dem eigenen Umfeld kommen (und erst recht nicht nur eigene Freunde als Protagonisten für Reportagen verwenden, unter anderem weil hier eine objektive Berichterstattung ausgeschlossen ist!). Schließlich muss dies nicht unbedingt mit der Lebenswirklichkeit der Leser, Hörer bzw. Zuschauer übereinstimmen.

Auffallend häufig berichten zum Beispiel Redaktionsmitglieder, die vor kurzem Vater bzw. Mutter geworden sind, über Themen wie Kita-Plätze, Elterngeld oder Babynahrung. Manche Redaktionen setzen deshalb bewusst auf eine Mischung ihrer Mitarbeiter: Wer frisch nach dem Abitur volontiert, kennt sich in der Disco-Szene der Stadt besser aus als ein 55-jähriger Kollege. Dieser wiederum mag besser über die Situation der Altenheime in der Stadt berichten können, weil er sich mit dieser Thematik auch privat auseinandergesetzt hat, da seine Eltern vor kurzem in eines gezogen sind. Während in Publikumszeitschriften und bei allgemeinen Medien eine Mischung wichtig ist, setzen Special-Interest-Titel auch bei der Auswahl ihrer Mitarbeiter auf Journalisten mit einschlägigem Hintergrund.[2]

Auch sollte man sich immer hineinversetzen können, welche Themen einen Bäckermeister, einen Paketboten oder einen Studienrat bewegen. Hier hilft das ständige Gespräch: nicht nur mit den Funktionsträgern einer Stadt oder Journalistenkollegen, sondern auch unterwegs, im Dialog mit dem Taxifahrer, einem Obdachlosen, der Erzieherin beim Abholen der eigenen Kinder aus dem Kinderhort oder dem Busfahrer, der an der Endhaltestelle eine Zigarette raucht. Als Journalist vertritt man die Interessen des Publikums. Man sollte imstande sein, mit Menschen unterschiedlicher Herkunft auf Augenhöhe zu sprechen.

---

[2] Die spezifische Recherche in verschiedenen Ressorts wie Sport, Politik, Technik, Wissenschaft, Mode, Kultur oder Wirtschaft und Finanzen wird in folgendem Buch behandelt: Markus Kaiser (Hrsg.): Special Interest (Berlin: Econ, 2012).

Vor allem zuhören zu können ist eine für Rechercheure wichtige Fähigkeit. Nur so wird man die verschiedensten Sichtweisen in seiner Berichterstattung abdecken können und auf Themen stoßen, mit denen sich andere Kreise der Gesellschaft beschäftigen.

Interesse an anderen Menschen ist eine Grundvoraussetzung, um auf spannende Geschichten zu stoßen. Denn Menschen interessieren sich für nichts so sehr wie für andere Menschen. Als Journalist muss man nicht immer gleich ein Porträt schreiben, auch ein Bericht wird anschaulicher, wenn die Geschichte personalisiert wird. Dies haben auch Mitarbeiter der Public Relations (Öffentlichkeitsarbeit) erkannt und versuchen, es auch in ihren Pressemitteilungen „menscheln" zu lassen. Statt die technischen Daten eines neuen Autos abstrakt zu schildern, stellen sie den Konstrukteur in den Mittelpunkt, der die Idee für das neue Design hatte. Die PR hat erkannt, dass es in ihrem Job nicht nur um Fakten, sondern auch um Emotion geht.

Ideen für neue Geschichten entwickeln sich häufig bei der aktuellen Recherche für ein Thema. Wer im Zoo über die neuen Eisbärbabys recherchiert, dem fällt die große Baustelle beim Giraffengehege auf. Wer den Uni-Präsidenten zu den steigenden Studierendenzahlen interviewt, dem erzählt jener beiläufig vom maroden Laborgebäude, das abgerissen werden muss. Wer für eine Computerzeitschrift das neue Tablet testet, der entdeckt neue Apps, die er in einer anderen Rubrik vorstellen kann.

Mit der Veröffentlichung eines Beitrags sind manche Themen zudem längst nicht abgeschlossen. Als die „Süddeutsche Zeitung" den ADAC-Skandal aufgedeckt hat, ist sie mehrere Wochen an dem Thema dran geblieben und hat immer weitere Details recherchiert. Oftmals bewirkt ein Bericht, dass sich weitere Betroffene bei der Redaktion melden. Ein zunächst klein erscheinendes Thema wird zunehmend größer.

Das oben erwähnte Interview mit dem Uni-Präsidenten zu steigenden Studierendenzahlen kann zum Beispiel auch der Auftakt für eine Artikelserie werden: Gibt es genügend Plätze im Studentenwohnheim oder wie werden die Studierenden untergebracht? Passen in Massenfächern alle Studierenden in den Hörsaal oder müssen sie sich auf die Treppenstufen setzen? Wie bewältigen die Professoren die Korrekturen der Hausarbeiten? Wird das Angebot an Studentenjobs eng? Wie beurteilen es die Unternehmen bzw. der Lehrerverband, dass in einigen Jahren deutlich mehr Absolventen erwartet werden?

Wenn der Hamburger SV einen Nationalspieler verpflichtet, wird dies zunächst als Nachricht veröffentlicht, beim „Hamburger Abendblatt" womöglich sogar als Eilmeldung auf der Homepage. Ein Porträt oder ein Interview mit dem Neuzugang kann folgen. Das heißt, es lohnt sich, immer am Ball zu bleiben.

2.1 Themen finden

Im Sommerloch bleibt meist mehr Zeit für eigene Themenideen. Pressestellen nutzen dies inzwischen zwar besser aus und platzieren ihre weniger wichtigen Pressekonferenzen genau in diese an Nachrichten armen Zeiten. Wie kommt man in dieser Zeit auf neue Ideen, wenn man glaubt, über alles schon einmal berichtet zu haben? Zum einen bietet es sich an, eine Themenliste anzulegen, auf die man in solchen Wochen zurückgreifen kann.

Klauen ist verboten, Ideen holen erlaubt. Das heißt, man kann durch die Lektüre von Zeitungen anderer Städte Ideen für Serien, Porträts oder Reportagen erhalten. Die Bundes- oder Landespolitik bietet häufig auch Anlass, vor Ort im Landkreis, der Stadt oder der Gemeinde zu beleuchten, welche Auswirkungen das neue Gesetz für die Leser hat. Das nennt man *Herunterbrechen* von Geschichten auf die lokale Ebene. Dies funktioniert mit dem Elterngeld genauso wie mit der angekündigten Schließung von Bundeswehrkasernen oder den Problemen mit der Pkw-Maut. Es braucht bei der Suche nach Themen also nicht nur Glück, sondern es gibt auch Methoden, die man erlernen kann.

Für Lokaljournalisten gibt die Bundeszentrale für politische Bildung die Ideenwerkstatt „Drehscheibe" als Heft heraus, unter anderem eine Sammlung von Best-practice-Beispielen. Online sind Informationen unter www.drehscheibe.org abrufbar. Erinnert wird auf der Website zum Beispiel auch an anstehende Jahrestage.

Relevanz prüfen: Wer sich für eine Themenidee begeistern hat lassen, sollte anschließend noch einmal einen Schritt zurückgehen und prüfen, ob das Thema für seine Leser, Hörer oder Zuschauer überhaupt relevant genug ist. Nur weil man selbst Stammgast in einem Restaurant in der Stadt war, muss die Schließung nicht die eigenen Leser interessieren. Wenn es sich allerdings um die einzige vegane Gaststätte gehandelt hat, kann sich daraus durchaus ein Thema entwickeln. Oder wenn man herausfindet, dass in diesem Stadtviertel in diesem Jahr besonders viele Restaurants geschlossen haben. Oder womöglich musste das Restaurant auch aufgrund von Hygienemängeln schließen, die das Ordnungsamt festgestellt hatte.

Johan Galtung und Mari Holmboe Ruge haben bereits im Jahr 1965 zwölf *Nachrichtenfaktoren* zusammengestellt, die zumindest einen Richtwert bieten, wann über bestimmte Ereignisse berichtet wird bzw. wie das Thema ankommen könnte.

Die zwölf Nachrichtenfaktoren von Galtung und Ruge
Kulturunabhängige Faktoren:

1. Frequenz: Je mehr der zeitliche Ablauf eines Ereignisses der Erscheinungsperiodik der Medien entspricht, desto wahrscheinlicher wird das Ereignis zur Nachricht.

2. Schwellenfaktor: Das Ereignis muss einen bestimmte Schwellenfaktor überschreiten bzw. für Auffälligkeit sorgen, damit es registriert wird.

3. Eindeutigkeit: Je eindeutiger und überschaubarer ein Ereignis ist, desto eher wird es zur Nachricht.

4. Bedeutsamkeit: Je größer die Tragweite eines Ereignisses, je mehr es persönliche Betroffenheit auslöst, desto eher wird es zur Nachricht.

5. Konsonanz: Je mehr ein Ereignis mit vorhandenen Vorstellungen und Erwartungen übereinstimmt, desto eher wird es zur Nachricht.

6. Überraschung: Überraschungen haben die größte Chance, zur Nachricht zu werden, allerdings nur dann, wenn es im Rahmen der Erwartungen überrascht.

7. Kontinuität: Ein Ereignis, das bereits als Nachricht definiert ist, hat eine hohe Chance, von den Medien auch weiterhin beachtet zu werden.

8. Variation: Der Schwellenwert für die Beachtung eines Ereignisses ist niedriger, wenn es zur Ausbalancierung und Variation des gesamten Nachrichtenbildes beiträgt.

Kulturabhängige Faktoren:

9. Elite-Nationen: Ereignisse, die Elite-Nationen betreffen, haben einen überproportional hohen Nachrichtenwert. Dies kann im Lokaljournalismus interpretiert werden, dass in Landkreisen zum Beispiel über die Kreisstädte (also die Zentren) häufiger berichtet wird als über Städte in der Peripherie.

10. Elite-Personen: Ereignisse, die Elite-Personen betreffen, haben einen überproportional hohen Nachrichtenwert.

11. Personalisierung: Je stärker ein Ereignis personalisiert ist, sich im Handeln oder Schicksal von Personen darstellt, desto eher wird es zur Nachricht.

12. Negativität: Je „negativer" ein Ereignis, je mehr es auf Konflikt, Kontroverse, Aggression, Zerstörung oder Tod bezogen ist, desto stärker beachten es die Medien.

Diese Nachrichtenfaktoren sagen noch nichts darüber aus, wie man ein Thema angeht, wie man es recherchiert, welchen besonderen Zugang man findet. Ein vermeintlich langweiliges Thema, über das jedes Jahr routinemäßig berichtet wird, kann durch einen neuen Dreh durchaus spannend werden. Der Nürnberger Journalismus-Professor Volker Banholzer hat erzählt, wie er früher für eine Lokalzeitung über eine Kirchweih in einer mittelgroßen Stadt berichten sollte. Er entdeckte zufällig einen Postboten, der den Schaustellern Briefe überbrachte, heftete sich an ihn und hatte so ein Reportage-Thema, auf das in seiner Redaktion bislang noch niemand gekommen war.

Verwendete Literatur

Markus Kaiser (Hrsg.), Special Interest: Ressortjournalismus – Konzepte, Ausbildung, Praxis (Berlin: Econ, 2012).

Weiterführende Literatur

Barbara Scheiter, Themen finden (Konstanz: UVK, 2009).

Weiterführender Weblink

„Kalenderblatt" der Deutschen Welle zu Jahrestagen und Jubiläen: www.kalenderblatt.de

2.2 Rechercheplan, Befragungsplan, Rechercheprotokoll

Wer sein Thema gewählt hat, muss überlegen, wen er dazu befragen, wen er vor Ort besuchen oder wie er online sich Informationen beschaffen will. Dazu erstellt er einen *Befragungs- bzw. Rechercheplan*. Der Unterschied besteht darin, dass man im Befragungsplan nur die Gesprächspartner festhält, während ein Rechercheplan umfassender ist: Neben den Interviewpartnern werden im Rechercheplan auch Online-Recherchen, Vor-Ort-Termine oder Dokumente festgehalten. Welche konkreten Möglichkeiten der Recherche es in der analogen und in der digitalen Welt gibt, wird in den folgenden beiden Beiträgen ausführlich besprochen.

Formelle Vorgaben gibt es für einen Rechercheplan nicht. Der Plan muss für einen selbst hilfreich sein.[3] Manche nehmen sich lieber ein Blatt Papier, andere tip-

---

[3] Michael Haller gibt in seinem Buch „Recherchieren" (Konstanz: UVK, 7. Aufl. 2008) aber einige Beispiele für einen Befragungsplan, zum Beispiel nach dem „Subjekt/Objekt-Schema", dem „Polaritätenprofil" oder der „Inside-Enthüllung".

pen in ihren Rechner oder ihr Tablet. Manche erstellen sofort eine fertige Version, andere beginnen mit einem Brainstorming oder einer anderen Kreativitätstechnik, das heißt sie schreiben ungeordnet auf, wer zum gewählten Thema etwas beitragen könnte und sortieren erst später. Allein durch das Notieren erkennt man häufig erst, wie vielschichtig ein Thema ist und wen man womöglich auf den ersten Blick vergessen hätte einzubeziehen.

Beispiel Studiengebühren: Nach und nach haben alle Bundesländer die Studiengebühren wieder abgeschafft. Zuletzt hat der Freistaat Bayern im Jahr 2013 die umstrittene „Uni-Maut" gestrichen. Nicht alle sind davon jedoch begeistert, schließlich konnten Universitäten und Hochschulen von den Gebühren zusätzliche Stellen, Bücher oder Seminare zahlen.

Sie möchten recherchieren, wie sich die Abschaffung der Studiengebühren ausgewirkt hat. Dazu erstellen Sie zunächst eine Liste, wer als Gesprächspartner alles in Frage kommt.

Rechercheplan: Abschaffung der Studiengebühren

- Studierende
- Studierendenvertreter
- Eltern
- Politiker der Regierung, der Mehrheitsfraktion und der Opposition
- Uni- und Hochschul-Präsidenten
- Professoren
- Uni-Mitarbeiter, die von den Studiengebühren finanziert wurden
- Gebäudeverwaltung der Hochschule (schließlich werden nun wieder einige Büroräume frei)
- Gastronomiebetriebe (weil sich womöglich weniger Studierende als Aushilfen melden, die jobben müssen)
- Wissenschaftler und Experten (zum Beispiel einen Volkswirtschaftler, der sich mit Studiengebühren auseinandergesetzt hat)
- Hochschulmitarbeiter in anderen Ländern (zum Beispiel in den USA oder Großbritannien)
- …

Die Übersicht zeigt, dass die Liste der möglichen Gesprächspartner meist größer ist als auf den ersten Blick vermutet. Trotzdem könnte man auch bei dieser Liste noch viel weiter differenzieren: Neben den Präsidenten der staatlichen Uni-

2.2 Rechercheplan, Befragungsplan, Rechercheprotokoll

versitäten und Hochschulen könnte man bei den privaten Hochschulen nachfragen. Hat die Abschaffung der Studiengebühren auch Auswirkungen auf diese Einrichtungen, die weiterhin Studiengebühren verlangen? Bei den Studierendenvertretern kann es zudem durchaus Unterschiede geben: Der Unions-nahe Ring Christlich Demokratischer Studenten (RCDS) hatte sich lange Zeit für Studiengebühren ausgesprochen, um die Studienbedingungen zu verbessern, während zahlreiche andere Organisationen strikte Gegner waren. Auch Eltern und Studierende sind keine homogene Gruppe. Hier lohnt es sich, verschiedenste Beispiele zu betrachten. Die erste Liste wird also immer größer, je intensiver man sich mit dem Thema beschäftigt. Es kann durchaus sinnvoll sein, beim Rechercheplan auch Gruppen zu bilden: zum Beispiel Gegner von Studiengebühren, Befürworter und Neutrale.

Recherchethese: Der zweite Schritt ist, das Thema einzugrenzen, sich eine Recherchethese zu überlegen. Wer aufzeigen will, wie sich durch die Abschaffung die Studienbedingungen wieder verschlechtern werden, kann die Eltern aus seinem Rechercheplan streichen. Er wird dann vor allem an den Hochschulen und Universitäten selbst nachfragen: den Leiter der Bibliothek, Professoren oder Studierende, die den Vergleich haben und erzählen können, dass sie in ihren ersten Semestern noch deutlich mehr Exkursionen unternehmen konnten als nach der Abschaffung.

Beispiel Seniorenstudium: Gerne wird in regelmäßigen Abständen über Seniorenstudenten berichtet. Aber über was genau? Mit dem Themenvorschlag „Irgendwas über Seniorenstudenten" wird man in der Redaktionskonferenz nicht weit kommen. Hier sollte man bereits eine Recherchethese bzw. Fragestellung ausgewählt haben (die natürlich im Laufe der Recherche auch falsifiziert und wieder verworfen werden kann). „Warum Seniorenstudenten sich besonders häufig im Studiengang Neuere und Neueste Geschichte einschreiben", könnte eine These sein. Hier wäre der Fokus auf das eine Fach gerichtet, natürlich müsste man bei der Uni-Verwaltung prüfen, ob in diesem Studiengang tatsächlich die meisten älteren Gasthörer sitzen.

Die These könnte aber auch lauten: „Seniorenstudenten nerven die jüngeren Kommilitonen". Sie schnappen immer die besten Referatsthemen weg, halten in der Fragerunde ewig lange Monologe und besetzen die besten Plätze in der Vorlesung. Hier würde man anders recherchieren als bei der oben genannten These. Neben den Interviews mit Betroffenen gehört in den Rechercheplan dann natürlich auch der Besuch einer Vorlesung mit besonders viel Seniorenstudenten.

Wenn man sein Thema eingeengt hat, entsteht der eigentliche Rechercheplan. Teilweise noch abstrakte Begriffe (wie Uni-Präsident oder Studierendenvertreter) werden mit konkreten Namen, konkreten Funktionen, Telefonnummern (im Idealfall auch mit Handynummern) und E-Mail-Adressen ergänzt. Im Rechercheplan sollten all diese Daten gebündelt vorliegen, um während der laufenden Recherche einen permanenten Überblick zu haben, wen man schon befragt hat und was als nächster Schritt zu tun ist. Auch sollte man sich im Rechercheplan notieren, ob und wie lange jemand Urlaub hat oder sich auf Dienstreise befindet bzw. wann jemand besonders gut zu erreichen ist.

Ständig aktualisiert sollte der Rechercheplan werden. Man sollte sich angewöhnen, bei einem Interview den Gesprächspartner immer zu fragen, ob er weitere kompetente Ansprechpartner für dieses Thema kennt. Dadurch kann man nach dem Schneeballsystem immer tiefer in das Thema eindringen. Auch wird man manche Gesprächspartner austauschen müssen: Bei einer Recherche über den Sommerschlussverkauf will der eine Filialleiter sich nicht äußern. Deshalb muss man bei einem anderen Kaufhaus nachfragen. Und auch die zunächst aufgestellte Hypothese (Recherchethese) kann gegebenenfalls verändert werden.

Was die Reihenfolge der Recherche betrifft, gibt es ein paar Grundregeln, die im Folgenden geschildert werden. Natürlich muss man diese in der Praxis flexibel handhaben. Wenn sich die Gelegenheit bietet, den Minister oder den Verbandspräsidenten morgen zu treffen, wird man ihm nicht entgegnen, im Rechercheplan sei er aber erst an späterer Stelle als Gesprächspartner vorgesehen. Es lohnt sich jedoch auch in diesem Fall, sich die dahinter steckenden Gedanken zu vergegenwärtigen.

Erst die Sachverhaltsebene, dann die Deutungsebene: „Fakten, Fakten, Fakten" – das Nachrichtenmagazin „Focus" hatte sich zumindest in der Werbung auf die Fahnen geschrieben, vor allem Informationen und weniger Meinungen zu transportieren. Bei der Recherche sollte man zunächst tatsächlich die überprüfbaren Fakten recherchieren *(Sachverhaltsebene)*: „Jede Recherche beginnt also mit der Überprüfung der Informationen, die den Ausgangspunkt lieferten (Basisrecherche)"[4], meint Michael Haller.

Nur wer die Fakten zuverlässig kennt, kann diese auch bewerten *(Deutungsebene)*. Dies kann immer nur der zweite Schritt sein, wobei in der Praxis natürlich innerhalb eines Interviewtermins bzw. Telefongesprächs beide Ebenen vermischt werden können. Niemand wird ein Telefonat beenden mit den Worten: „Danke, dass ich mit Ihnen auf der Sachverhaltsebene diskutieren durfte. Ich melde mich nächste Woche wieder, wenn ich über die Deutung recherchiere." Dennoch sollte man sich immer bewusst sein: Stimmen die Fakten überhaupt zuverlässig, die mir mein Gesprächspartner soeben kommentiert hat? Die Versuchung ist groß, diese als gegeben hinzunehmen und eine Überprüfung zu vernachlässigen, wenn doch alle bereits über das *Warum* und *Wie* sprechen.

---

[4] Michael Haller, Recherchieren (Konstanz: UVK, 7. Aufl. 2008): S. 58.

2.2 Rechercheplan, Befragungsplan, Rechercheprotokoll

Bei manchen Themen mag der Fakten-Check einfach und offensichtlich sein: Wenn ein neuer Minister ernannt oder ein Trainer vorgestellt wird, kann man den Fakt als gegeben hinnehmen und tatsächlich sofort auf die Deutungsebene wechseln (außer natürlich, man möchte berichten, wie viel der Trainer verdient, wie lange der Vertrag läuft usw.). Hier interessiert die Einschätzung der eigenen Partei bzw. der Opposition und von Verbänden in seinem Bereich, was sie von ihm erwarten und was sie ihm zutrauen.

Beispiel Spielcasinos: Anders sieht es zum Beispiel aus, wenn man über Spielcasinos in der Innenstadt berichten will. Stadtratsmitglieder und der Oberbürgermeister schimpfen über die Vielzahl neu eröffneter Casinos und legen dar, wie dadurch das Stadtbild verschandelt werde. Bürger ärgern sich, dass Läden in den besten Flächen schlössen und stattdessen Casinos eröffneten. Weitere Anwohner schimpfen über die zunehmende Lärmbelästigung in der Nacht.

Hier ist der erste Schritt zu prüfen, ob es in der Stadt tatsächlich mehr Spielcasinos gibt. Stimmen also die Fakten oder ist die Wahrnehmung falsch (womöglich weil Casinos nur umgezogen sind). Lassen sich tatsächlich Belege für die Lärmbelästigung finden? Erst wenn man das *Was* geklärt hat, kann man hier zuverlässig die weiteren Fragen *Wie* und *Warum* beantworten.

Von außen nach innen recherchieren: Bei der Befragung beginnt man immer mit den Außenstehenden, nicht direkt betroffenen Personen. Zum einen weil Unbeteiligte (zum Beispiel Experten und Wissenschaftler) in der Regel unparteiisch sind und weniger Grund haben, Aussagen zu verfälschen. Zum anderen verfügen sie häufig über mehr Überblickswissen.[5] Außerdem kann man bei den Betroffenen dann gezielter nachfragen und lässt sich nicht verunsichern, wenn diese die ihnen gegenüber geäußerten Vorwürfe einfach abstreiten. „Der Grundsatz, von außen nach innen vorzugehen, bedeutet also auch, dass die Hauptbeteiligten wenn möglich *als Letzte* befragt werden"[6], rät Michael Haller und unterscheidet zwischen den (passiv) Betroffenen und (aktiv) Verantwortlichen bei einem Thema.

Schauen wir uns noch einmal das Beispiel mit den Seniorenstudenten an. Wer darüber berichten möchte, dass jüngere Kommilitonen genervt sind, sollte also zunächst sich (Stichwort Sachverhaltsebene) mit Zahlen eindecken, wie viele Seniorenstudenten es in welchen Fächern gibt. Er beginnt von außen, befragt die zentrale Studienberatung einer Universität, um zu erfahren, welche Regularien es für Seniorenstudenten gibt. Es folgen Gespräche mit Professoren und regulären Studenten, die über die Probleme mit ihren älteren Kommilitonen berichten.

---

[5] Vgl. Michael Haller, Recherchieren (Konstanz: UVK, 7. Aufl. 2008): S. 73.
[6] Michael Haller, Recherchieren (Konstanz: UVK, 7. Aufl. 2008): S. 73.

Als nächstes könnte man sich selbst ein Bild davon machen, indem man eine Vorlesung bzw. ein Seminar nach Absprache mit dem Dozenten besucht. Erst dann, wenn man genügend über das Thema und die Probleme weiß, sollte man die direkt Betroffenen, die Seniorenstudenten, interviewen. Der Grund: Sie können den bereits recherchierten Fakten nicht mehr ausweichen und müssen darauf eingehen, während sie am Anfang einer Recherche noch naiv sagen hätten können: „Ach, unser Verhältnis zu den jüngeren Kommilitonen ist doch bestens." Das heißt, als Journalist versucht man sich mit Wissen so weit zu munitionieren, dass man bei den direkt Betroffenen bereits tief ins Thema eingetaucht ist.

Ein weiterer Vorteil besteht darin, dass direkt Betroffene die möglichen Gesprächspartner des Journalisten vorwarnen bzw. schlimmstenfalls sogar mundtot machen könnten. „Wenn Du dem Reporter Negatives über mich erzählst, gehe ich zum Professor und erzähle, wie Du von mir in der Klausur abgeschrieben hast", könnte der Seniorenstudent drohen.

Bei der Recherche bei Skandalen ist der Grundsatz, von außen nach innen zu recherchieren, noch einleuchtender: „Ich weiß es noch nicht, aber haben Sie vielleicht Wahlergebnisse gefälscht?", hätte vom ADAC sicherlich keine weiterführenden Aussagen im Skandal um den „Gelben Engel" gebracht. Wenn man mit konkreten, sorgfältig zusammengetragenen Vorwürfen den Verband konfrontiert, kann dieser dagegen nicht so leicht ausweichen.

Pro & Contra: Wer strittige Themen (wie das Beispiel mit den Studiengebühren) recherchiert, sollte bei den Befragungen stets zwischen den verschiedenen Lagern pendeln. Er kann mit den Aussagen eines Befürworters immer sofort einen Gegner konfrontieren und erhält somit immer weitere Argumente. Möglich ist es natürlich auch, dass man dieselbe Person mehrfach anruft, wenn man von der Gegenseite neue Erkenntnisse erhalten hat.

Ein Tipp: Feinde anrufen! Wer ein Porträt über einen Minister schreiben will, sollte sich erkundigen, wer mit diesem womöglich noch eine Rechnung offen hat. Dies sind in der Regel die besten Informanten. Natürlich sollte man dies – wie in allen Fällen – nicht ungeprüft publizieren. Jedoch können manche Hinweise von politischen Gegnern (nicht selten vor allem aus der eigenen Partei), Intimfeinden oder Konkurrenzunternehmern für die weitere Recherche durchaus sehr nützlich sein. Das Interesse, dem anderen zu schaden, lässt sie oft sehr offensiv Material für die Medien zusammentragen.

Als nach der Landtagswahl 2008 in Bayern der designierte Ministerpräsident Horst Seehofer alle über 60-jährigen bisherigen Kabinettsmitglieder seiner Partei nicht mehr zu Ministern bestellt hatte, hatte einer der Ausgeschiedenen Pressevertretern gegenüber offensiv angekündigt: „Wenn Sie Interna über den Ministerpräsidenten oder seinen Lieblingsminister brauchen, stehe ich jederzeit gerne zur Verfügung."

Auch Enttäuschte, die bei der Bewerbung um einen Posten (egal ob in der Politik oder im Unternehmen) unterlegen waren, geben oft bereitwillig Auskunft. Zu diesen Personen zählt natürlich auch die Sekretärin oder der Vorstandsassistent, der von seinem cholerischen Chef im Alltag mies behandelt wird. Sogar Pressesprecher, bei denen die Chemie zum Uni-Präsidenten oder Unternehmenschef nicht (mehr) stimmt, haben sich schon als wichtige Informanten herausgestellt.

Im Rechercheprotokoll werden die Ergebnisse notiert. Hier sollte man auch festhalten, was man mit den Gesprächspartnern vereinbart hat: Darf ich sie zitieren oder sind die Informationen nur als Hintergrundinformation gedacht? Lasse ich die Zitate vor der Veröffentlichung noch einmal zukommen? Rufe ich den Gesprächspartner noch einmal an, um ihn auf den Erscheinungstermin hinzuweisen? Bei aufwändigeren Recherchen sind dies alles Dinge, die man nach einiger Zeit ansonsten vergessen kann.

Auch sollte man im Rechercheprotokoll notieren, welche Nachfragen zu keinem Erfolg geführt haben. Damit behält man seine ganze Recherche (inklusive wichtiger Online-Quellen, Dokumente und Protokolle) immer im Blick. Wie beim Rechercheplan gibt es für das Rechercheprotokoll keine Formvorschriften. Man erstellt das Protokoll schließlich für sich selbst, um beim Verfassen des Textes den Überblick nicht zu verlieren. Das Rechercheprotokoll kann man fortlaufend erstellen, das heißt stetig ergänzen. In jedem Fall sollte man es auch nach der Veröffentlichung aufbewahren.

Es kann auch noch Jahre später hilfreich sein, wenn man über ein ähnliches Thema berichten möchte und erneut auf der Suche nach Gesprächspartnern ist. Außerdem sollte man bedenken, dass bei kritischen Berichten zivilrechtliche Ansprüche geltend gemacht werden könnten, wozu man die Unterlagen erneut benötigt.

2.3 Quellen prüfen

Wer Informationen über sich selbst, seine eigene Institution oder sein Unternehmen weitergibt, vertritt immer Eigeninteressen. Er möchte, dass sein Verein, sein Laden oder er selbst möglichst positiv dargestellt wird. Kritische Punkte wird er verschweigen, womöglich wird er es mit der Wahrheit auch nicht in allen Punkten genau nehmen. Anders herum können Gegner manche falschen Informationen auch böswillig streuen. Nicht zuletzt kann es sein, dass sich Informanten nicht mehr genau an etwas erinnern oder nach dem „Stille-Post"-Prinzip der Wahrheitsgehalt über ein paar Ecken abgenommen hat.

Für Journalisten gilt deshalb das Zwei-Quellen-Prinzip. Wenn jemand etwas behauptet, braucht der Journalist eine unabhängige Bestätigung, bevor er dies publiziert. Seriöse Medien werden ohne diese zweite Quelle nicht vermelden, dass der Trainerwechsel zum Bundesliga-Tabellenführer perfekt ist, dass der Politiker Steuern hinterzogen hat oder dass Thomas Gottschalk doch noch einmal „Wetten dass ... ?" übernimmt. Ohne zweite Quelle ist eine Information zunächst einmal wertlos. Das Fußball-Magazin „kicker" aus Nürnberg wartet nach eigenen Angaben deshalb lieber mit der Veröffentlichung eines Spielerwechsels auf seiner Website, bis eine zweite Quelle diesen bestätigt hat – auch wenn dann die Konkurrenz schneller ist. Seriosität geht vor Schnelligkeit.

In der Praxis handhaben dies nicht alle Medien so. Vor allem online ist ein Wettkampf um Eilmeldungen entbrannt. Geschwindigkeit geht manchen über alles. So kommt es immer wieder zu fehlerhaften Meldungen. Die Auswirkungen können minimal, zuweilen aber auch verheerend sein.

Nach dem Mord an einem elfjährigen Mädchen in Emden im Jahr 2012 ist zunächst ein Unbeteiligter verhaftet worden. Die Festnahme blieb im betreffenden Emder Stadtteil nicht unbeobachtet; über Facebook wurden Meldungen veröffentlicht. Ein 18-Jähriger postete daraufhin einen Aufruf, sich vor dem Emder Polizeikommissariat zu versammeln. Etwa 45 bis 50 zumeist junge Menschen folgten diesem Aufruf. Vor der Wache skandierten sie Parolen, die man nach Angaben der Polizei nur als Aufruf zur Lynchjustiz verstehen konnte. Später stellte sich die Unschuld des Verhafteten heraus, der wahre Täter wurde verhaftet.

Auch wenn dies ein Beispiel für die Gefahren von Gerüchten – in diesem Fall über Social Media – ist, zeigt es doch deutlich, was für eine hohe Verantwortung Medien bei der Recherche haben. Vorverurteilungen können denjenigen nicht nur um Geld bringen oder das gesellschaftliche Ansehen ruinieren, sie können sogar Folgen für Leib und Leben haben. Hier nützt es auch wenig, wenn man vom „mutmaßlichen Täter" statt nur vom „Täter" spricht, was vor einem rechtskräftigen Gerichtsurteil geboten ist.

Journalisten nutzen Echtzeitmedien wie Twitter. Auch hier kommt es ohne zweite Quelle immer wieder zu Falschmeldungen. Auch wenn dies keine Entschuldigung für die Missachtung des Zwei-Quellen-Prinzips ist, sollte man bei einer Veröffentlichung dann wenigstens transparent machen, dass es sich um ein unbestätigtes Gerücht handelt bzw. nur die Teile veröffentlichen, die man zweifelsfrei recherchiert hat.

Was ist eine brauchbare zweite Quelle? Wenn die erste Quelle für einen Trainerwechsel vom Stadionsprecher kommt, nützt es nichts, wenn sich der zweite Befragte wiederum auf eben jenen Stadionsprecher im Gespräch mit einem bezieht. Es geht darum, eine zweite Quelle zu finden, die sich nicht auf die erste

2.3 Quellen prüfen

Quelle beruft. Auch macht es keinen Sinn, jemanden als zweite Quelle zu nutzen, der zu nah mit der ersten Quelle verbandelt ist.

Wenn der Chef eines Unternehmens behauptet, es habe keine Entlassungen gegeben, ist der Pressesprecher desselben Unternehmens als zweite Quelle relativ ungeeignet. Hier lohnt sich die Nachfrage beim Betriebsrat. Womöglich ist über Informanten bei der Arbeitsagentur etwas herauszubekommen. Oder man erwischt am Werkstor einen Mitarbeiter, der gerade seine Sachen zusammenpacken muss, weil er gefeuert wurde.

Die beiden Quellen müssen unabhängig voneinander sein. Weil man dies nicht immer auf den ersten Blick durchschauen kann, ist es nie verkehrt, sogar eine dritte, vierte oder fünfte Quelle zu suchen. Eine Quelle muss übrigens nicht eine Person sein. Auch Dokumente, Akten, Protokolle oder Briefe können beispielsweise als Beleg dienen. Das Entlassungsschreiben eines Mitarbeiters als Beleg ist sogar wertvoller als zwei mündliche Aussagen; der Vertrag mit dem Trainer, in dem dessen Gehalt steht, ist glaubhafter als die mündlichen Statements dazu.

Eine zweite Quelle gibt noch nicht die hundertprozentige Sicherheit, dass etwas stimmt. Eine zweite Quelle lässt jedoch zumindest haltlose Behauptungen und falsche Beschuldigungen, die nur von einer Person oder Partei gemacht wurden, relativ schnell auffliegen.

Vor dem „Totrecherchieren" warnen deshalb manche Kollegen von Boulevardmedien. Sie meinen damit: Wer eine schöne Geschichte erfahren hat, sollte möglichst eben keine zweite oder dritte Quelle befragen. Die Geschichte ist nett zu lesen und bringt dem Medium auch eine hohe Aufmerksamkeit beim Publikum, sie ist aber nicht wasserdicht recherchiert und steht auf wackligen Beinen. Zynisch ist die Einstellung: Wenn sich neue Fakten ergeben, schreiben wir einfach einen weiteren Beitrag getreu dem Motto: Was kümmert mich mein Geschwätz von gestern?

Wenn man weiter recherchiert, könnte sich die ganze Geschichte als falsch herausstellen – und die Schlagzeile lässt sich nicht mehr veröffentlichen. Diese Sichtweise hat mit seriösem Journalismus jedoch nichts gemein: Wer so denkt, sollte Romane schreiben und keine Berichte.

Tatsächlich geht es bei der Recherche auch um Falsifizieren. Wenn in einer Pressemitteilung steht, der Künstler trete zum ersten Mal in Deutschland auf, schaut man nach, ob er nicht schon früher einmal in einer anderen deutschen Stadt auf der Bühne stand. Wenn der Chef eines Unternehmens behauptet, es herrsche ein rundum positives Betriebsklima, genügt es, Mitarbeiter zu finden, die über Intrigen berichten. Wenn auf einer Pressekonferenz der Verkehrsminister behauptet, für die neue Autobahn werde kein Wald gerodet, kann ein Naturschutzverband womöglich Belege für das Gegenteil bringen.

Zu belegen, dass etwas nicht stimmt, ist in der Regel einfacher als den positiven Beweis für etwas zu finden. Dies ist im Journalismus genauso wie in der Wissenschaft. „Es gehört (...) zur professionellen inneren Haltung eines guten Journalisten, dass er seine eigenen Vorurteile immer wieder überprüft und systematisch auch nach dem sucht, was seine Vorannahmen widerlegt (Falsifikationsprinzip nach Sir Karl Popper)"[7], meint der Hamburger Journalistik-Professor Volker Lilienthal. Wie bei einem Puzzle sollte man bei der Recherche der Wahrheit Stück für Stück näherkommen.

2.4 Die Gegenseite zu Wort kommen lassen

Eine Bundestagsabgeordnete hat Ende 2012 eine Plenarsitzung mit einer wichtigen Abstimmung verpasst. Sie hat sich beim Bundestagspräsidenten offiziell krank gemeldet („aufgrund einer akuten gesundheitlichen Einschränkung") und saß während der Bundestagssitzung im Flieger nach Sri Lanka. Die Medien spekulierten, ob es sich tatsächlich um eine Reise zur Genesung handelte oder doch eher um einen Urlaub. Schließlich sollte es anschließend weiter nach Bangkok und dann in den Badeort Phuket gehen.

Die Medien erfüllen hier eine wichtige Kontrollfunktion. Was sie in solchen Fällen nicht vergessen dürfen, ist aber die Betroffene selbst zu befragen und im Beitrag zu Wort kommen zu lassen. Die „Süddeutsche Zeitung" hatte dies vorbildlich getan und zitiert: „Meine Reise nach Sri Lanka war seit November geplant, da ich dort seit Jahren Projekte mit meiner gemeinnützigen Stiftung privat unterstütze." Weil die Fakten nicht in Zweifel gezogen wurden *(Sachverhaltsebene)*, sondern nur die Auslegung *(Deutungsebene)*, konnte die „Süddeutsche Zeitung" nun die Widersprüche auch publizieren:

> Doch in der schriftlichen Reiseplanung finden sich nach SZ-Informationen keine Hinweise auf Besuche dieser oder anderer sozialer Einrichtungen. Es war überhaupt eine Reise mit vielen Ortswechseln. Wie hielt das nur die malade Gesundheit der Abgeordneten aus?
> Schließlich war es das Knie, das die Teilnahme an der Patriot-Abstimmung unmöglich machte. Seit Monaten plage sie sich mit „massiven Problemen aufgrund eines Betriebsunfalls" herum. Gar „mit Rollstuhl und Krücken" habe sie an besagtem 14. Dezember in den Ferienflieger steigen müssen. Noch am Abend zuvor habe sie sich von ihrem Arzt untersuchen lassen.[8]

---

[7] Volker Lilienthal, Recherchieren (Konstanz: UVK, 2014): S. 21.
[8] http://www.sueddeutsche.de/bayern/csu-abgeordnete-dagmar-woehrl-in-der-kritik-elefantencamp-statt-bundestag-1.1666714.

2.4 Die Gegenseite zu Wort kommen lassen

Die „Süddeutsche Zeitung" hat sich fair verhalten. Sie hat die Betroffene ausführlich zu Wort kommen lassen, damit sie auch ihre Sichtweise darlegen kann. Wenn es um Anschuldigungen geht, ist dies umso wichtiger. **Welche Frist muss man setzen?** Diese Frage ist nicht eindeutig zu beantworten, sondern hängt von verschiedenen Faktoren ab. Wenn es um eine Person des öffentlichen Lebens geht, die auf Mitarbeiter in einem Büro zurückgreifen kann, darf die Frist kürzer sein als bei einem ehrenamtlichen Präsidenten eines Vorstadtvereins. Natürlich sollte die Frist immer so gesetzt sein, dass auch tatsächlich die Möglichkeit zu einer Beantwortung besteht. Um 21 Uhr kurz vor Redaktionsschluss auf der Festnetznummer in einem Büro anzurufen und um eine Stellungnahme zu bitten, mag das Gewissen des Redakteurs beruhigen, ist allerdings alles andere als angebracht.

Wenn man selbst erst kurz vor Redaktionsschluss mit seinen eigenen Recherchen so weit ist, dass man den Betroffenen anrufen könnte, sollte man immer überlegen, ob die Veröffentlichung nicht noch einen Tag oder bei Wochenzeitungen eine Woche verschoben werden könnte. Als Journalist steht man bei Floskel wie „War bis Redaktionsschluss nicht erreichbar" immer in der Pflicht zu belegen, ob man denn selbst nicht eine viel zu kurze Frist gesetzt hat.

Spielt der Betroffene bewusst auf Zeit und will damit die Veröffentlichung verhindern? Hier bietet es sich an, noch einmal telefonisch nachzuhaken, die Sekretärin auf die Dringlichkeit hinzuweisen, um eine Handynummer zu bitten und zusätzlich per E-Mail die Fragen zu stellen. Man sollte als Journalist nichts unversucht lassen, um in Kontakt zu treten – auch wenn sich eine ausgewogene Berichterstattung mit Zitaten beider Seiten womöglich nicht mehr so knackig und spannend liest wie nur die Vorwürfe. Dem obersten Ziel, den Leser bzw. Zuschauer ausgewogen und umfassend zu informieren, kommt man damit aber viel näher. Die Floskel „War nicht erreichbar" sollte daher nur in absoluten Notfällen genutzt werden.

Fair oder unfair? Das lässt sich am Beispiel eines Universitätsprofessors zeigen. Der Marketing-Lehrstuhlinhaber einer süddeutschen Hochschule ist während einer mündlichen Prüfung unter den Tisch gekrabbelt. Daraufhin fragte er die Studentin: „Können Sie mich sehen?" Verdutzt antwortete sie wahrheitsgemäß mit „Nein", woraufhin er wiederum entgegnete: „Endlich! Die erste richtige Antwort." Die Mutter der Studentin meldete sich daraufhin bei der ortsansässigen Zeitung. Diese recherchierte weiter bei der Studentin, bei Kommilitonen, auf der Absolventenfeier und fragte auch andere Professoren, ob sie eine solche Äußerung ihrem Kollegen zutrauen. Ein Hochschullehrer ließ sich sogar zur Aussage hinreißen: „Dies ist ja nur die Spitze des Eisbergs."

Gemäß dem Prinzip von außen nach innen zu recherchieren, wurde zuletzt der Professor selbst um eine Stellungnahme gebeten. Er ließ den Journalisten von seiner Sekretärin am Telefon abwimmeln und antwortete auch auf ein Fax nicht. Daraufhin verbreitete die Zeitung die Situation bei der mündlichen Prüfung, versehen mit dem Zusatz, dass sich der Professor trotz Nachfrage nicht dazu habe äußern wollen. Dies ist völlig legitim, schließlich kommt es auf den ernsthaften Versuch an. Die Chance für eine Stellungnahme hatte der Professor aus freien Stücken nicht genutzt.

Weiterführende Literatur

Matthias Brendel/Frank Brendel/Christian Schertz/Henrik Schreiber, Richtig recherchieren (Frankfurt: F.A.Z.-Institut, 7. Aufl. 2010).

2.5 Mit Zahlen richtig umgehen

Mit vermeintlich objektiven Zahlen lässt es sich prächtig manipulieren – ohne lügen zu müssen oder tatsächlich etwas zu fälschen. Neben Mathematik spielt bei Statistiken die Psychologie eine bedeutende Rolle. Dies erkennt man allein schon beim Einkauf im Supermarkt, wo mit Preisschildern von 9,99 Euro statt glatten 10,00 Euro das menschliche Gehirn ausgetrickst werden soll. Vor allem bei Superlativen sind Journalisten besonders anfällig, diese unkritisch zu übernehmen. Schließlich verhelfen Schlagzeilen wie „Erfolgreichster Rennfahrer aller Zeiten!", „Jahrhundert-Hochwasser in Deutschland" oder „Neuer Rekord an Smartphone-Besitzern" zu mehr Aufmerksamkeit als eine differenzierte Überschrift.

Gerade bei Statistiken lohnt es sich, zunächst auf der Sachverhaltsebene zu recherchieren und erst anschließend die Ergebnisse zu deuten. Vor allem im Sportjournalismus wird Zahlen zu viel Aufmerksamkeit geschenkt: Ist tatsächlich derjenige der beste Stürmer gewesen, der die meisten Tore in der Saison erzielt hat? Womöglich hat er durch seine uneigennützigen Mitspieler nur sehr gute Vorlagen bekommen und konnte diese gut verwerten. Vielleicht ist ein anderer ja der beste Stürmer, der zwei Tore weniger erzielt hat, sich aber sämtliche Torschüsse selbst hart erarbeitet hat und auch noch zig Vorlagen an seine Mitspieler gab? Im Sport werden die Tore und die Assists in einer eigenen Statistik zusammengefasst. Wer ist aber nun der beste Stürmer? Welche Statistik zählt hier? Und lässt sich allein aufgrund von Statistiken und Zahlen überhaupt begründen, wer der beste Stürmer ist?

Der richtige Weg ist, zunächst das Zahlen- und Datenmaterial zu sammeln und dann im zweiten Schritt zu bewerten *(Deutungsebene)*. Manchmal muss man

2.5 Mit Zahlen richtig umgehen

dafür erst noch weitere Recherchen anstellen, zum Beispiel abseits von Statistiken Experten befragen.

Quantitative Methoden führen häufig zu Fehlinterpretationen, wenn man qualitative Analysen nicht berücksichtigt. Ein Beispiel aus der Politikwissenschaft: Der Bundesrat wird häufig als Blockadeinstrument bezeichnet, wenn die Mehrheiten sich von denen im Bundestag unterscheiden. Schaut man sich die Zahlen an, könnte man zu einer anderen Schlussfolgerung kommen. Nur wenige Gesetzesvorhaben werden vom Bundesrat tatsächlich blockiert. Es klafft eine Lücke zwischen medialer Berichterstattung und Statistik.

Trotzdem kann man aber natürlich vom Bundesrat als Blockadeinstrument sprechen, wenn die wichtigen, großen Gesetzesvorhaben gekippt werden und die unbedeutenden, kleinen, unumstrittenen durchgewunken werden. Neben der reinen Zahl spielt hier die Gewichtung der jeweiligen Gesetze eine bedeutende Rolle. Diese Beurteilung kann aber kein Taschenrechner übernehmen.

Eine qualitative Analyse wieder in Zahlen zu überführen, erzeugt umgekehrt zwar eine vermeintlich objektive Rangliste. Letztlich basiert diese aber auf einer willkürlichen Entscheidung. Man könnte ja auf die Idee kommen, wichtige Gesetze mit dem Faktor sagen wir 5 zu versehen und dann wieder mit dem Taschenrechner die Frage neu beantworten. Dass wir den Faktor 5 und nicht 3, 7 oder 45 genommen haben, macht aus objektiven Zahlen einen Spielball für Manipulation. Wir hätten die wichtigen Gesetze auch mit 7 addieren, mit 5 multiplizieren und anschließend die Wurzel daraus ziehen können.

Hier endet eine seriöse Interpretation von Zahlen. Manche Wissenschaftler arbeiten dennoch so, weil in ihrer Disziplin die Zahlenhörigkeit groß ist. Journalisten müssen diesem Unfug schließlich aber nicht auf den Leim gehen. Da ist es schon sympathischer, wenn im Fernsehen bei den „100 bedeutendsten Deutschen", „10 skurrilsten Fotos des Jahres" oder „30 dümmsten Einbrechern" gar nicht vorgegaukelt wird, hier handele es sich um etwas anderes als eine völlig subjektive Rangliste der Redaktion.

Auf die Ausgangsbasis kommt es in Statistiken an. Nehmen wir das Beispiel eines Industrieunternehmens. Dieses verkündet auf einer Pressekonferenz, es blicke auf das erfolgreichste Geschäftsjahr aller Zeiten zurück und der Umsatz habe sich fast verdoppelt. Erstens gilt es zu erforschen, worauf sich das „erfolgreichste Geschäftsjahr aller Zeiten" bezieht. Auf den Umsatz, den Gewinn oder die Zahl der Kunden? Auch hier darf man die Deutung nicht unkritisch übernehmen, sondern muss erst den Sachverhalt klären. Beim Umsatz gilt es zu erfragen, in welchem Zeitraum er verdoppelt wurde. Wenn die Referenz das Vorjahr war, gilt es nachzufragen, wie es vor zwei, drei, vier etc. Jahren war. Womöglich stellt sich dann heraus: Das Unternehmen hat den Umsatz im Vergleich zum Vorjahr auf niedrigem

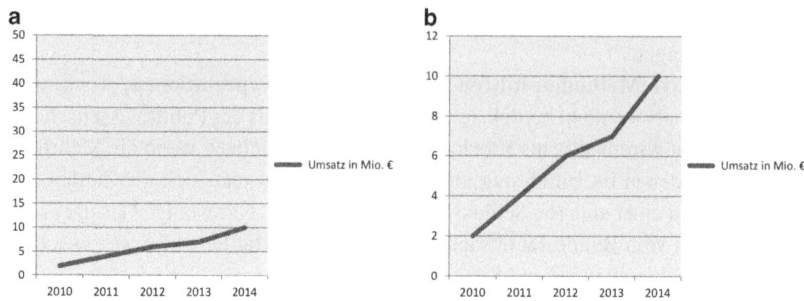

Abb. 2.1 Mit Grafiken lässt sich relativ leicht ein falscher Eindruck erzeugen. Beide Grafiken basieren auf denselben Werten: **a** sieht es nach einem langsamen, **b** nach einem steilen Umsatzwachstum aus (Markus Kaiser)

Niveau verdoppelt, vor der Wirtschaftskrise lag er aber weit darüber, insgesamt schreibt das Unternehmen rote Zahlen (Umsatz ist nicht gleich Gewinn!), und nur bei der Zahl der Kunden handelt es sich tatsächlich um das „erfolgreichste Geschäftsjahr aller Zeiten". Wer als Journalist die Zahlen nicht kritisch hinterfragt, geht der Presseabteilung des Industrieunternehmens gehörig auf den Leim.

Auch grafisch lässt sich hier stark manipulieren. Wenn man die Entwicklung des Umsatzes darstellen und eine möglichst hohe Steigerung herausarbeiten will, sollte man in der Grafik den Nullpunkt weglassen und in der Grafik erst ab ein paar Milliarden Euro Umsatz einsteigen. Man kann wählen, ob man die Umsatzsteigerung in absoluten Zahlen darstellt oder die prozentuale Steigerung angibt. Je nachdem, was das Unternehmen damit in der Öffentlichkeit aussagen will, wird es die Darstellung entsprechend wählen. Und es muss nicht lügen, um Journalisten auf eine falsche Fährte zu bringen. Pressesprecher fälschen keine Zahlen, aber sie versuchen die Hoheit über die Deutung der Zahlen zu erlangen (Abb. 2.1).

Variablen müssen gleich bleiben, wenn man verschiedene Statistiken miteinander vergleichen will. Das ist häufig das Problem, wenn man unterschiedliches Zahlenmaterial miteinander vergleichen will. Lassen sich die Arbeitslosenquoten der EU-Länder überhaupt miteinander vergleichen? Nur dann, wenn einheitlich festgelegt wäre, wer als arbeitslos zählt, und wenn die Erhebungen gleich ablaufen würden. Und selbst dann hätte allein die Statistik womöglich noch keine allzu große Aussagekraft, weil diese nichts über die Qualität der Arbeit aussagen würde, ob es sich zum Beispiel um Niedriglohnarbeit handelt. Offen blieben Fragen, wie es mit Schwarzarbeit in den jeweiligen Ländern aussieht usw.

2.5 Mit Zahlen richtig umgehen

Wenn bei der Fußball-Europameisterschaft oder der Champions League der Turniermodus geändert wird, kann dies auch Auswirkungen darauf haben, mit wie vielen Treffern man Torschützenkönig wird. Umso mehr Spiele, umso höher ist die Wahrscheinlichkeit, dass jemand ein Tor erzielt. Je mehr Dopingtests in einer Sportart durchgeführt werden, umso höher ist zunächst die Wahrscheinlichkeit, einen gedopten Sportler zu überführen. Später mag sich dies genau ins Gegenteil drehen, wenn aufgrund der erhöhten Gefahr, erwischt zu werden, tatsächlich weniger gedopt wird.

Statistische Spielereien sind dann erlaubt, wenn man den Spielcharakter offen legt. Trotzdem werden sie nicht immer verstanden. Der Eichstätter Journalistik-Professor Klaus Meier hat in seinem Weblog den Auflagenrückgang der Tageszeitungen in Deutschland grafisch dargestellt und die Einschränkung der Aussagekraft gleich mitgeliefert (Abb. 2.2). Die Kurve hat er in die Zukunft betrachtet kontinuierlich fortgesetzt und provokativ festgestellt: Die letzte gedruckte Zeitung erscheine im Jahr 2034. Dabei hat er ergänzt, dass dies von vielen Bedingungen abhänge (und wir nicht vorhersagen könnten, wann die letzte Zeitung gedruckt werde). Es hagelte trotz seiner Erklärung Kritik ob der mangelnden Seriosität dieser Berechnung. Als Journalistik-Professor dürfte sich Meier darüber trotzdem gefreut haben, zeigt es doch, dass wenigstens hier die Journalistenkollegen die Grafik mit einiger Skepsis betrachtet haben – auch wenn sie von Meier selbst mit der Nase darauf gestoßen worden waren.

Prognosen sind ohnehin schwer zu treffen, weil sich Variablen immer ändern können. Der Rückgang der Auflage von Tageszeitungen hängt natürlich davon ab, wie sich neue Medien weiterentwickeln, ob Wearables, Glasses und rollbare Displays auch für Nachrichten genutzt werden, wie sich Smartphones und Tablets weiter ausbreiten.

Außerdem hängt es davon ab, wie Zeitungshäuser ihre Geschäftsmodelle verändern: Sollte sich Paid Content im Internet durchsetzen und es dafür Kombimodelle aus gedruckter Zeitung und Zugang zu Online-Inhalten geben, wird sich das Druckwerk sicherlich länger halten, als wenn auch mobile Inhalte dauerhaft kostenfrei bleiben.

Welche Daten stehen in einem Zusammenhang? Diese Frage sollte man sich insbesondere bei Zahlen stellen. Man könnte sonst abstruse Schlussfolgerungen ziehen, wie dies im Fußball häufig getan wird: Wenn Hannover auf Hoffenheim trifft, hat noch nie ein Rechtsverteidiger der Gastgeber einen direkten Freistoß mit dem linken Fuß verwandelt. Oder in der Medizin: Wer als Sechsjähriger sich das linke Bein gebrochen hatte, bei dem ist die Gefahr, an einem Herzinfarkt zu sterben, doppelt so hoch wie bei denen, die sich als Neunjährige die Schulter aus-

Auflage Tageszeitung

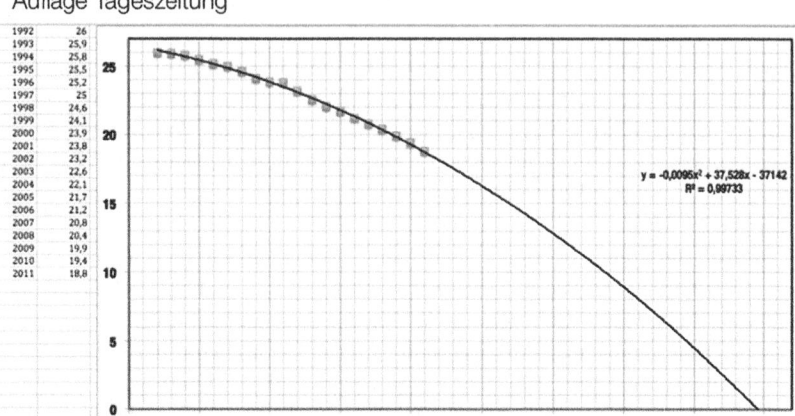

Quelle: BDZV/IVW – eigene Berechnungen Prof. Dr. Klaus Meier (polynomische Trendlinie mit Excel)
http://journalistiklehrbuch.wordpress.com

Abb. 2.2 Nach der Tabelle von Klaus Meier könnte die letzte Tageszeitung in Deutschland im Jahr 2034 erscheinen

gekugelt hatten. Oder im Straßenverkehr: Die Mehrzahl der Verkehrsunfälle wird von nicht alkoholisierten Autofahrern verursacht.

Die Zahlen mögen diese Zusammenhänge rein mathematisch suggerieren. Es gibt allerdings keinen wirklichen kausalen Zusammenhang, um diese Schlussfolgerungen zu ziehen. Vermeintliche Korrelationen sollte man selbst prüfen und diese nicht einfach aus Pressemitteilungen übernehmen.

Wie genau wurden Zahlen erhoben bzw. wurden Werte gerundet? Diese Frage sollte man sich immer stellen, wenn man Zahlenmaterial erhält. Nur bei Originalzahlen lässt sich damit weiterrechnen. Der Dortmunder Statistik-Professor Walter Krämer beschreibt in seinem Buch „So lügt man mit Statistik" einen Schüler, der auf die Frage nach dem Alter der Welt mit „4000 Jahre und eine Woche" geantwortet haben soll. Woher er das so genau wisse, wollte der Lehrer wissen. Der Schüler antwortete: „Na ja, letzte Woche haben wir das so gelernt, und da war die Welt 4000 Jahre alt."[9] Mit Pi-mal-Daumen-Angaben lassen sich auch nur grobe Größenordnungen errechnen. Keinesfalls kann am Ende dann eine detailliertere Angabe stehen als es das ursprüngliche Zahlenmaterial zulässt.

---

[9] Walter Krämer, So lügt man mit Statistik (München: Piper, 2000): S. 23.

2.5 Mit Zahlen richtig umgehen

Aufpassen sollte man auch bei Mittelwerten, die als Schlagzeile spannend klingen, aber nichts über die Realität aussagen. Wie viel Liter Wein, Bier, Cola oder Wasser der durchschnittliche deutsche Bundesbürger in einem Jahr getrunken hat, sagt rein gar nichts aus. Absolute Zahlen geben immerhin Aufschluss darüber, wie es Weinkellereien oder Brauereien gehen mag. Aber Durchschnittswerte ergeben keinen Sinn, wenn die Variation sehr hoch ist. Walter Krämer zitiert hier einen Statistiker-Witz nach dem früheren bayerischen Ministerpräsidenten Franz Josef Strauß: „Zwei Männer sitzen im Wirtshaus, der eine verdrückt eine Kalbshaxe, der andere trinkt zwei Maß Bier. Statistisch gesehen ist das für jeden eine Maß Bier und eine halbe Haxe, aber der eine hat sich überfressen und der andere ist besoffen."[10]

Das *arithmetische Mittel* ist eine Möglichkeit, den Durchschnitt anzugeben. Der *Median* ist eine zweite Möglichkeit. Der Zentralwert ist ein Mittelwert für Verteilungen in der Statistik. Der Median ist in einer Auflistung von Zahlenwerten der Wert, der an der mittleren Stelle steht, wenn man die Werte der Größe nach sortiert. Ein Beispiel: Bei den Zahlen 1, 2, 7, 15, 16 ist der Median 7, also die Zahl in der Mitte. Der Unterschied zwischen arithmetischem Mittel und Median: Gibt es Ausreißer nach der einen oder anderen Seite, verfälscht der Median die Aussagekraft nicht so stark. Denn auch bei den Zahlen 1, 2, 7, 15, 4756 bleibt der Median 7. Das arithmetische Mittel würde von 8,2 auf 956,2 ansteigen.

Manchmal ist es auch sinnvoll, den *gewichteten Mittelwert* zu betrachten. Wenn in einer Redaktion die sieben Journalisten jeweils 4000,00 Euro brutto im Monat verdienen und die Sekretärin 1500,00 Euro, wäre der arithmetische Mittelwert ein Durchschnittslohn von 2750,00 Euro. Sinnvoll ist hier aber die Rechnung: (7 × 4000,00 Euro + 1 × 1500,00 Euro) : 8 = 3687,50 Euro.

Als „synthetischen Superlativ" bezeichnet Walter Krämer Beschreibungen, die so zugespitzt sind, dass es gar keine weiteren Beispiele in dem Gebiet geben kann.[11] Die älteste Kellerbierbrauerei innerhalb der Nürnberger Altstadtmauern – mit diesem Superlativ darf man sich auch dann schmücken, wenn wenige Meter außerhalb eine viel ältere Brauerei ihren Sitz hat oder eine noch ältere Brauerei Weißbier oder Pils braut statt Kellerbier. PR-Strategen suchen immer nach solchen Superlativen, weil sie damit den Nachrichtenwert für die Medien nach oben treiben möchten. Allerdings sind diese Superlative häufig unsinnig, vor allem wenn es sehr viele Einschränkungen gibt.

Vorsicht ist auch geboten, wenn ein Superlativ als Neuigkeit angepriesen wird, sich aber faktisch für den Leser, Hörer oder Zuschauer nichts ändert. Ein fiktives

---

[10] Walter Krämer, So lügt man mit Statistik (München: Piper, 2000): S. 61.
[11] Vgl. Walter Krämer, So lügt man mit Statistik (München: Piper, 2000): S. 87.

Beispiel: Wenn die Deutsche Bahn ankündigen würde, dass der letzte ICE aus München nach Nürnberg künftig um 22.58 Uhr erst abfahre und damit ganz neue Möglichkeiten biete, um abends noch in München zum Beispiel ins Hofbräuhaus wegzugehen, verliert diese Meldung an Bedeutung in dem Moment, in dem man im aktuellen Fahrplan den letzten Zug um 22.55 Uhr abfahren sieht. Drei Minuten länger mögen für einen Haselnussschnaps ausreichen, aber nicht für eine positive Schlagzeile.

Weiterführende Literatur

Walter Krämer, So lügt man mit Statistik (München: Piper, 2000).

Recherchewerkzeuge in der analogen Welt 3

Zusammenfassung
In diesem Kapitel wird vorgestellt, welche Möglichkeiten es zur Recherche in der analogen Welt gibt: vom Besuch einer Pressekonferenz über Interviews und Vor-Ort-Termine bis hin zum Telefon und Archiv.

Ohne Recherche lassen sich weder als Journalist ein Bericht, eine Reportage oder ein Feature schreiben noch als Pressereferent ein Beitrag für das Unternehmensmagazin oder eine Pressemitteilung. Die Möglichkeiten, an Informationen für diese Beiträge zu kommen, sind vielfältig. Manche erfordern wenig bis keinen Einsatz: Newsletter oder Pressemitteilungen einer Gemeinde, eines Unternehmens oder eines Verbands kann man abonnieren und erhält diese dann jeweils automatisch zugeschickt (*passive Informationsbeschaffung*).

Bei anderen Methoden geht die Initiative allein vom Rechercheur aus, wenn er zum Beispiel einen Wissenschaftler im Sommer anruft und nach Möglichkeiten fragt, sich vor einem Sonnenbrand zu schützen, oder wenn er über Facebook nach jemandem sucht, der sich schon einmal an einem Science Slam beteiligt hat (*aktive Informationsbeschaffung*).

Je mehr Aufwand betrieben wird, desto spannender, exklusiver und lesenswerter sind häufig die Beiträge. Dies gilt als Faustregel. Deshalb sollten es sich Journalisten nicht allzu einfach machen. Es hängt aber unter anderem von der Art des (journalistischen) Beitrags, vom eigenen Vorwissen, von der eigenen Vernetzung innerhalb des jeweiligen Bereichs, von der zur Verfügung stehenden Zeit und vom Thema ab, für welche Recherchemethoden man sich entscheidet. Nur selten wählt man aus der folgenden Übersicht nur eine Rechercheform aus. Meist handelt es sich um einen Mix.

> **Welche Möglichkeiten gibt es zur Recherche?**
>
> - Pressekonferenz und Pressegespräch
> - Pressemitteilungen
> - (selbst vereinbartes) Interview
> - Hintergrundgespräch
> - Vor-Ort-Recherche: Besuch von Veranstaltungen (Messe, Konzert, Theaterstück, Fußballspiel usw.)
> - Telefon
> - E-Mail-Anfrage
> - Archive und Bibliotheken
> - Auswertung anderer Medien (Zeitungen, Zeitschriften, Radio und Fernsehen)
> - Originalquellen wie Gesetzestexte, Dokumente, Protokolle, Handelsregister usw.
> - Internet (per Suchmaschine)
> - Social Media
> - Newsletter

3.1 Pressekonferenz und Pressegespräch

Pressekonferenzen haben bei Journalisten keinen guten Ruf. Unternehmen oder Parteien veranstalten diese in der Regel immer dann, wenn sie selbst etwas mitteilen möchten. Das heißt, das Thema und den Zeitpunkt geben dann die Organisatoren der Pressekonferenz vor (*Agenda setting*). Hinzu kommt, dass Journalisten Nachrichten gerne exklusiv verbreiten möchten. Zu einer Pressekonferenz haben jedoch alle Medien Zugang, so dass weder das Thema noch die Aussagen der Pressekonferenzteilnehmer ausschließlich im eigenen Medium ihren Platz finden. Fast immer werden Pressekonferenzen flankiert von Pressemitteilungen, die wiederum das Unternehmen selbst auch noch auf der eigenen Website und via Social-Media-Kanäle verbreitet. Dadurch sinkt der Neuigkeitswert weiter.

Ein weiterer Nachteil von Pressekonferenzen ist die Form: Während Journalisten im Interview die Gesprächsführung übernehmen, liegt die Leitung bei einer Pressekonferenz beim Veranstalter bzw. Pressesprecher. Er entscheidet, ob, wie viele und welche Fragen zugelassen werden. Pressekonferenzen sind zeitaufwändig, man hat häufig aber nur wenig Zeit, eigene Fragen zu stellen. Zum

3.1 Pressekonferenz und Pressegespräch

professionellen PR-Handwerk gehört es zudem, dass sich die Teilnehmer vorab abgesprochen haben und sich auf nahezu alle Eventualitäten bereits passende Antworten zurechtgelegt haben.

Spontanität ist auf Pressekonferenzen nur selten zu erwarten. Nicht selten lesen Politiker oder Wirtschaftsvertreter ihre Aussagen sogar wortwörtlich aus ihrem Manuskript ab (das man sich von der Pressestelle dann auch per Mail zuschicken lassen kann, um sich den Anfahrtsweg zu sparen). Ausnahmen bilden hier Pressekonferenzen, die noch Jahrzehnte später im Fernsehen immer wieder gezeigt werden: beispielsweise der Wutausbruch des ehemaligen FC-Bayern-München-Trainers Giovanni Trapattoni im März 1998 („Was erlauben Strunz", „schwach wie eine Flasche leer" und „Ich habe fertig") oder der Zoff des Bundesfinanzministers Wolfgang Schäuble mit seinem Pressesprecher Michael Offer vor den Medienvertretern im November 2010 („Ich verlasse diese Pressekonferenz solange, bis die Zahlen verteilt sind.").

Oftmals ist es bei Pressekonferenzen nicht das Spannende, *was* jemand sagt, sondern *wie* jemand etwas sagt. Begrüßen sich die beiden Vorstandsmitglieder freundlich oder werfen sie sich nur verächtliche Blicke zu? Wie nervös oder selbstbewusst ist der Boxer vor dem Wettkampf?

Pressegespräche sind weniger steif. Hier haben Journalisten mehr Möglichkeiten, Fragen zu stellen. Im Idealfall entwickelt sich hier ein Gespräch, manchmal sogar eine spannende Diskussion. Bei einer Pressekonferenz dagegen sind die Rollen (Gastgeber als Sender der Botschaften, Journalist als Empfänger) klarer definiert. Häufig zeigt sich dies bereits räumlich durch die Sitzordnung: auf der einen Seite die Organisatoren (zum Teil hinter einem Podium), auf der anderen Seite die Journalisten.

Warum sind Pressekonferenzen dann sinnvoll? Weil die anderen Medien auch hingehen und man diesen keinen Informationsvorsprung überlassen möchte, ist kein triftiger Grund. Weil man die Informationen schön aufbereitet bekommt und sich als Journalist beim Verfassen seines Beitrags weniger Arbeit machen muss, kommt in der täglichen Praxis zwar vor, konterkariert aber die Aufgabe des (kritischen) Rechercheurs.

Um Kontakte zu knüpfen und zu pflegen, eignen sich Pressekonferenzen hervorragend. Während der Bundesligatrainer, der Umweltminister oder der Vorstandsvorsitzende eines DAX-Unternehmens sonst nur schwer greifbar sind, sitzen sie auf einer Pressekonferenz im selben Raum. Nach dem offiziellen Teil besteht häufig die Gelegenheit für kurze individuelle Gespräche. Zumindest sollte man die Möglichkeit nicht verstreichen lassen, den gewünschten Gesprächspartner noch beim Herausgehen abzupassen.

Bei diesen Randgesprächen muss man nicht zwangsläufig über das Thema der Pressekonferenz sprechen; auch Fragen zu ganz anderen Themen sind erlaubt. Im persönlichen Gespräch fällt es zudem viel schwerer, die Anfrage nach einem separaten Interviewtermin abzulehnen, als wenn man telefonisch bei der Sekretärin anfragt.

Gut organisierte Pressekonferenzen bieten im Vorfeld die Möglichkeit an, einen Gesprächstermin mit einem der Podiumsteilnehmer zu vereinbaren. Das ist deshalb sinnvoll, weil Sie vermutlich nicht der einzige Journalist sind, der auf die Idee kommt, ein individuelles Gespräch führen zu wollen. Insbesondere wenn Sie Kamera, Mikrofon, Aufnahmegerät und vielleicht noch Kollegen von der Technik dabei haben, sollten Sie nicht auf Verdacht anreisen, sondern einen Termin vereinbaren. Dabei kann man gleich auch danach fragen, ob es einen geeigneten Ort für eine ungestörte Aufnahme gibt, und diesen reservieren lassen.

In diesen Gesprächen nach der Pressekonferenz sind die Teilnehmer häufig lockerer und offener. Sie wissen, dass alles Gesagte beim offiziellen Teil von Journalisten zitiert werden darf oder von Fernsehkameras aufgenommen wird. Dies lässt sie vorsichtiger sprechen, als wenn sie am Rande eine normale Unterhaltung führen, bei der sie oft auch Hintergrundinformationen zum besseren Verständnis noch herausrücken, die sie vorher nicht preisgegeben haben. Es lohnt sich daher in jedem Fall für Journalisten, nach dem offiziellen Teil (häufig bei Häppchen) noch etwas Zeit nach der Pressekonferenz einzuplanen.

Fragen, Fragen, Fragen: In jedem Fall sollte man die Chance sowohl auf als auch nach einer Pressekonferenz nutzen, um Fragen zu stellen. Nur so kann man die Gesprächspartner aus der Reserve locken. Manche Journalisten stellen allerdings bewusst in der offiziellen Pressekonferenz keine Fragen, sondern erst im Anschluss, damit sie wenigstens diese Zitate exklusiv verwenden können. Der emeritierte Journalistik-Professor Michael Haller gibt deshalb den Tipp: „Wichtige oder interessante Nachfragen nicht während der Konferenz stellen, sondern die Konferenz dazu nutzen, einen Telefontermin eine Stunde später zu vereinbaren, um dann die (gut vorbereiteten) Ergänzungsfragen zu stellen."[1]

Häufig lassen sich Journalisten auch nur von den Aussagen der Veranstalter berieseln. Neben dem, *was* die Teilnehmer gesagt haben, kann es für den eigenen Beitrag auch eine Rolle spielen, *wie* jemand etwas sagt. Spricht der Ministerpräsident abschätzig über seine Ministerin, kann die Entlassung drohen. Oder hat er sie bei der Begrüßung dagegen herzlich umarmt?

Klare Funktionsangaben: Wenn sich jemand auf der Pressekonferenz als Head of Media and Public Relations vorstellt, sollte man nachfragen, ob man ihn

---

[1] Michael Haller, Recherchieren (Konstanz: UVK, 7. Aufl. 2008): S. 97.

im Beitrag Pressesprecher oder Pressereferent nennen darf. Umständliche und unverständliche Funktionsangaben verwirren die Leser. Wenn man nicht selbst weiß, wie man dies knapper formuliert, sollte man auch hier nachfragen. Üblich ist beispielsweise, dass der Minister für Bildung und Kultus, Wissenschaft und Kunst bei einer Vernissage als Kunstminister, bei einer Hörsaalgebäude-Einweihung als Wissenschaftsminister von den Medien bezeichnet wird.

Ähnlich verhält es sich auch mit Fachbegriffen: Wenn man sich selbst unsicher ist, ob man den „Atomaren Entsorgungspark" in Atommüllendlager, die „Freisetzung der Mitarbeiter" in Entlassungen oder das „Minuswachstum" in Rückgang korrekt übersetzen kann, sollte man auch bei unverständlichen und geschönten Begriffen nachfragen.

Eine Pressekonferenz ist ein Rollenspiel. Deshalb gilt es umso mehr, verklausulierte Aussagen zu dechiffrieren. „Ich stehe hinter dem Minister", mag durchaus bedeuten: Wenn er angegriffen wird, ducke ich mich, schließlich stehe ich ja hinter und nicht vor ihm. „Der Trainer hat unser vollstes Vertrauen" bedeutet häufig, die Entlassung ist beschlossen, wir haben nur noch keinen Nachfolger in Sicht.

▶ **Tipp** Pressekonferenzen dienen der Kontaktpflege. Exklusive Nachrichten lassen sich hier eher nicht recherchieren.

3.2 Pressemitteilungen

Was für Pressekonferenzen gilt, gilt noch mehr für Pressemitteilungen: Exklusive Geschichten lassen sich über diesen Weg nicht recherchieren. Dennoch sind sie für Redaktionen, aber auch die Unternehmenskommunikation wichtig. Unternehmen können sich dadurch über die Konkurrenz informieren, Journalisten bekommen mit, was den Verein, die Stadtverwaltung oder das Tierheim bewegt und mit was sie sich beschäftigten. Eine Pressemitteilung sollte man immer zerlegen in die Fakten und die Meinung des Absenders.

Themenideen können aus Pressemitteilungen durchaus entstehen. Das heißt: Die Pressemitteilung ist nicht das Ende, sondern der Anfang der Recherche für einen journalistischen Beitrag.

Beispiel Polizeibericht: Die Polizei verschickt zum vierten Mal innerhalb eines Monats eine Pressemitteilung, dass ein Auto aufgebrochen und das Navigationsgerät gestohlen worden ist. Dies kann man zum Anlass für eigene Recherchen nehmen: Zunächst kann man bei der Polizei nachfragen, ob an bestimmten Wochentagen die Diebe unterwegs waren, ob nur ein oder mehrere Stadtteile betroffen sind, ob es eine Vermutung gibt, woher die Täter stammen. Man kann im eigenen

Archiv nachschauen, ob es schon einmal eine ähnliche Einbruchserie gegeben hat. Der ADAC kann womöglich Tipps geben, wie man sein Auto am besten schützt und wo man es nicht abstellen sollte. Eigene Online-Recherchen können aufzeigen, für wie viel Geld gebrauchte Navis verkauft werden. Über Social-Media-Kanäle kann man womöglich sogar Betroffene ausfindig machen, die einem ihre Geschichte erzählen, um den nüchternen Bericht lebhafter zu machen (*Personalisierung*). Und natürlich kann man auch einen Blick über den Tellerrand werfen und bei Medien in anderen Städten nachfragen, ob es auch dort ähnliche Einbruchserien gegeben hat und ob dort die Täter gefasst worden sind.

Auslöser für alle möglichen Recherchen kann die Pressemitteilung sein. Wenn das Theater der Stadt bekannt gibt, wer der neue Intendant wird, lässt sich ein Termin mit ihm vereinbaren, um ihn zu porträtieren. Allerdings sollten dann auch seine Weggefährten und der Kulturreferent befragt werden, warum sie sich ausgerechnet für ihn und nicht seine Mitbewerber entschieden haben.

Nicht immer muss die Geschichte, die man als Journalist recherchiert, in der Überschrift der Pressemitteilung stehen. Oft sind es Randnotizen oder Nebensätze, die einen auf eine Idee bringen. Oder manchmal sogar Dinge, die man gewöhnlich in einer Pressemitteilung erwartet, die in dieser aber fehlen. Beispiele: Warum nennt der Bundesliga-Verein zum Saisonauftakt alle bis auf einen Neuzugang? Womöglich hat der Fußballer sich in der Vorbereitung daneben benommen, sich im Trainingslager jeden Abend betrunken und wurde deshalb in die Amateurmannschaft verbannt. Oder warum nennt ein Unternehmen nur seine Umsatzsteigerung im vergangenen Geschäftsjahr, schreibt in der Pressemitteilung aber nichts von einem Gewinn? Womöglich hat es zwar mehr Umsatz, aber aufgrund höherer Produktionskosten Verluste gemacht. Hier nachzubohren, kann sich sogar für eine exklusive Geschichte lohnen.

Quellen prüfen: Selbst wenn dem Journalisten keine Zeit bleibt, eine Pressemitteilung zur Grundlage für ein Porträt, eine Reportage oder ein Feature zu verwenden, sollte er vor dem Abdruck die Fakten checken. Dies beginnt mit dem Absender der Pressemitteilung: Hat das Unternehmen die Pressemitteilung tatsächlich selbst verschickt oder hat jemand Drittes deren Briefpapier benutzt? Dies lässt sich häufig an der Mailadresse des Absenders erkennen. Bei allzu schrägen Behauptungen in der Pressemitteilung sollte man skeptisch werden. Und auch, wenn die Namen des Vorstands, des Ministers oder des Präsidenten nicht korrekt sind, ist das ein Warnsignal.

Auch nicht einfach zu beantworten ist: Gibt es die Einrichtung überhaupt? Der angebliche Bund Deutscher Juristen hat im Jahr 2005 die Pressemitteilung verschickt: „BDJ unterstützt Folterforderung von Bundesinnenminister Schäuble".

Der Schönheitsfehler: Dieser Juristenbund existiert überhaupt nicht.[2] Bemerken können hätte man das, indem man das Bundesinnenministerium mit dieser Aussage telefonisch konfrontiert, statt die Pressemitteilung nur zu übernehmen. Ohnehin sollte der Gegenseite immer die Möglichkeit zu einer Stellungnahme eingeräumt werden.

Was ein Tabu für Journalisten sein sollte: Eine Pressemitteilung per Copy & Paste ins eigene Redaktionssystem überführen und dann ungeprüft und wortwörtlich in der gedruckten Zeitung oder im Online-Auftritt veröffentlichen. Vor allem im Internet fällt dies besonders schnell auf. Noch schlimmer: Lokalzeitungen, die ihre Texte hinter einer Paywall versteckt hatten, mussten sich bei abgedruckten Pressemitteilungen schon viel Spott und Ärger ihrer Leser anhören.

Redaktionen erhalten täglich mehrere hundert Pressemitteilungen. Nicht alle können ausführlich und komplett gelesen werden.[3] Wer in den Beruf einsteigt, sollte sich genau überlegen, von welchen Einrichtungen er regelmäßig per Pressemitteilung informiert werden möchte. Er sollte nicht zu viele auswählen, die wichtigsten Unternehmen, Vereine, Verbände oder kommunalen Einrichtungen aus dem Bereich aber nicht vergessen, über die er berichtet. Deshalb sollte man sich zunächst entscheiden, für welches Ressort und über welche Themen man berichten möchte, bevor man sich in Presseverteiler eintragen lässt.

Häufig kann man sich online wie in einen Newsletter in einen Presseverteiler eintragen. Ansonsten genügt meist eine Mail an die Pressestelle. In der Regel wird nicht überprüft, ob man tatsächlich Journalist ist, so dass sich auch Öffentlichkeitsarbeiter anderer Einrichtungen in den Verteiler eintragen lassen können. Im politischen Betrieb ist es beispielsweise Standard, dass Partei-Pressestellen auch die Pressemitteilungen der anderen Partei erhalten, um auf die Äußerungen der Konkurrenz reagieren zu können.

Es empfiehlt sich für freie Journalisten, sich einen extra Mail-Account nur für Pressemitteilungen und Newsletter anzulegen. So behält man auch bei einer Vielzahl an Nachrichten den Überblick und kann während einer Recherche diesen Account ausblenden, sich auf sein derzeitiges Thema konzentrieren und nur die persönlichen Mails mit der anderen Adresse lesen und beantworten. Je nach Themengebiet muss man abwägen, ob man die Pressemitteilungen ständig aktuell oder nur zu bestimmten Zeiten am Tag liest. Wer permanent in seinen Account schaut,

---

[2] Vgl. Volker Lilienthal, Recherchieren (Konstanz: UVK, 2014): S. 75.
[3] Wie man Pressemitteilungen verfasst und Pressekonferenzen organisiert, beschreiben Gabriele Hooffacker und Peter Lokk in Pressearbeit praktisch: Ein Handbuch für Ausbildung und Praxis (Berlin: Econ, 2011).

kann sofort auf Entwicklungen reagieren, wird aber bei seiner Arbeit auch permanent abgelenkt.

Eine Alternative ist das Anlegen eines speziellen Filters im Mailprogramm, der Pressemitteilungen bestimmter Absender gleich in entsprechende Ordner sortiert. **Mithilfe der Pressestelle** findet man als Journalist nicht nur Themen, sondern oft auch Gesprächspartner. Wer zu einem bestimmten Thema etwa bei der Stadtverwaltung den richtigen Ansprechpartner sucht, den unterstützt die Pressestelle der Stadt dabei.

Im Bereich der Wissenschaft besteht die Möglichkeit, sich über den Informationsdienst Wissenschaft (IDW) Pressemitteilungen fast aller deutschen Hochschulen und Universitäten gebündelt zu bestimmten Disziplinen zusammenzustellen (www.idw-online.de). Auf der Website gib es zudem eine Übersicht über Termine und einen Expertenmakler. Das heißt, wer zu einem bestimmten Forschungsthema recherchiert, kann darüber mögliche Gesprächspartner finden.

▶ **Tipp** Pressemitteilungen können Journalisten auf Themenideen bringen und Gesprächspartner liefern. Zu viel Zeit sollte man im Arbeitsalltag damit aber nicht verschwenden.

3.3 Interview

Das persönliche Gespräch zählt zu den wichtigsten Formen, Neuigkeiten zu erfahren. Beim Interview unterscheidet man zwei Formen: Das als Frage-Antwort-Spiel gedruckte Interview und das Rechercheinterview. Im Ersteren geht es darum, das Gespräch möglichst wortwörtlich abzubilden bzw. zumindest den Charakter eines Dialogs dem Leser (oder auch dem Fernsehzuschauer bzw. Radiohörer) zu erhalten.[4] Im Rechercheinterview geht es ausschließlich darum, aus dem Gesprächspartner möglichst viele Informationen herauszuholen. Diese Fakten und Aussagen können dann auf verschiedene Weise verwendet werden (womöglich sogar, ohne den Gesprächspartner beim Namen zu nennen und zu zitieren).

Autorisierung: In Deutschland ist es üblich, dass das Interview in der Frage-Antwort-Variante (bzw. teilweise auch bei Zitaten in einem Bericht, einer Reportage oder einem Feature) vor der Veröffentlichung vom Interviewten autorisiert wird.

---

[4] Das Interview als Frage-Antwort-Spiel ist eine journalistische Darstellungsform. Es wird unterschieden zwischen dem Interview zur Person, Interview zur Sache und Meinungsinterview. Tipps dazu gibt es in Walther von LaRoche, Einführung in den praktischen Journalismus: Mit Beschreibung aller Ausbildungswege Deutschland, Österreich, Schweiz (Wiesbaden: Springer VS, 19. Aufl. 2013).

3.3 Interview

Das heißt, der Gesprächspartner erhält die Möglichkeit, seine Aussagen noch einmal durchzulesen und Fehler oder Missverständnisse zu korrigieren. Hintergrund dieses Prozedere ist, dass das Interview so gut wie nie wortwörtlich wiedergegeben wird, weil der Journalist kürzt, nicht vollendete Nebensätze ergänzt oder streicht und teilweise Fragen umstellt, um dem Leser einen flüssigeren, besser verständlichen Gesprächsverlauf anzubieten.

Oft schreibt man als Journalist lediglich Stichpunkte mit und formuliert das Interview nachträglich. Dabei kann es unbeabsichtigt zu inhaltlichen Verzerrungen kommen. Um das zu verhindern, ist es sinnvoll, Interviews oder auch längere Zitate vor der Veröffentlichung von der interviewten Person gegenlesen zu lassen.

Einen Rechtsanspruch auf das Gegenlesen oder die Autorisierung gibt es nicht. Erfahrene Interviewpartner fordern sie vom Journalisten ein. Wenn der Journalist zusagt und ggf. eine Terminvereinbarung trifft, muss er sich an das zugesagte Prozedere halten. Umgekehrt kann es auch sinnvoll sein, dem Gesprächspartner das Gegenlesen anzubieten. Damit können Fehler vermieden werden. Im Nachhinein kann der Gesprächspartner, der ein Zitat per E-Mail freigegeben hat, auch nicht mehr behaupten: „Das habe ich nie gesagt!"

Das Autorisieren führt in der Praxis immer wieder zu Konflikten. Politiker, die im Interview sich noch zu mutigen Äußerungen haben hinreißen lassen, lassen sich von ihren Pressesprechern später die Zitate glattbügeln. Manche Aussagen sollen ganz gestrichen werden. Auch wenn knackige Zitate dadurch ärgerlicherweise unter den Tisch fallen: Die Fakten dürfen natürlich genutzt werden.

Wie bekomme ich aus meinem Gesprächspartner etwas heraus? Dies ist natürlich die wichtigste Frage, die sich weit vor dem Autorisieren stellt. Doch ein Interview beginnt sogar noch weit vor dem Gesprächstermin. Zunächst sollte man sich überlegen und recherchieren, wer überhaupt der richtige Gesprächspartner für mein Thema ist, welche Rolle er in diesem Kontext spielt und ab welchem Stand meiner Recherche ein Treffen sinnvoll erscheint (siehe Kapitel Rechercheplanung).

> **Die W-Fragen**
> Wenn Journalisten Antworten auf diese sieben Fragen erhalten haben, sind sie immer auf der sicheren Seite:
>
> Wer?
> Was?
> Wann?

> Wo?
> Wie?
> Warum?
> Welche Quelle?

Offene und geschlossene Fragen werden unterschieden. Journalisten variieren geschickt und setzen diese jeweils passend ein. Bei geschlossenen Fragen kann der Interviewpartner nur mit „Ja" oder „Nein" antworten. Dies macht dann Sinn, wenn beispielsweise ein Politiker ausschweifend antwortet, nie auf den Punkt kommt und sich nicht festlegen will. Offene Fragen ermöglichen dem gegenüber eine breite Antwort. Diese eignen sich vor allem am Anfang eines Interviews, um Nervosität zu nehmen und den Gesprächspartner zum Reden zu bringen. Vor allem wenn jemand einsilbig antwortet, fragt man nicht „Gefällt Ihnen der neue Hobbit-Film?", sondern „Welche Filme sehen Sie sich im Kino am liebsten an?".

Wenn man vor seine Frage eine Information vorausschiebt, nennt man dies Balkonfrage. Damit leitet man ein Thema ein und stellt eine gemeinsame Basis her. „Der letzte Film der Hobbit-Trilogie ist in den Kinos angelaufen. Wie gefällt Ihnen dieser Streifen?" ist ein Beispiel dafür. Bei einer Suggestivfrage setzt man einen bestimmten Sachverhalt unterbewusst voraus: „Finden Sie nicht auch, dass der letzte Hobbit-Film der schönste war?" Hierbei versucht man den Gesprächspartner zu manipulieren. Bei einer Entweder-oder-Frage gibt man als Interviewer zwei Alternativen vor: „Hat Ihnen der zweite oder der dritte Hobbit-Film am besten gefallen?"

In jedem Fall sollte man immer nur *eine* Frage stellen. Zum einen gerät sonst häufig eine Frage in Vergessenheit. Zum anderen nutzen dies gewiefte Interviewpartner, um dann nur die ihnen angenehmere Frage zu beantworten.

Für ein erfolgreiches Interview entscheidend ist, wie gut man sich auf das Gespräch vorbereitet hat. Natürlich ist es heute Standard, die Person zu googeln, das Zeitungsarchiv durchzusehen, Kollegen zur Person zu befragen und sich am besten auf einem Notizzettel aufzuschreiben, welche Fragen man auf jeden Fall beantwortet haben möchte. In der Regel hat ein Interview eine eigene Dynamik und man weicht von dieser Chronologie ab. Man vergisst dadurch aber wichtige Fragen nicht. Auch sollte man sich möglichst vorab über Daten wie das Geburtsdatum, Wohnort usw. informiert haben, um nicht unnötig Zeit mit banalen Fragen zu verschwenden.

3.3 Interview

Die Rolle kennen. Vor dem Gespräch sollte man wissen, welche Funktion der Interviewpartner hat bzw. in welcher Rolle er gerade auftritt. Ist er Augenzeuge, Opfer oder Experte? Spricht Angela Merkel in ihrer Rolle als Bundeskanzlerin, als CDU-Parteivorsitzende oder als Privatfrau? Nach der jeweiligen Rolle muss man sein Interviewziel und seine Fragen ausrichten.

Die Praktikantin eines Lokalradiosenders hatte im Anschluss an eine Pressekonferenz vor einem Radrennen den Oberbürgermeister der Stadt interviewt. Da sie selbst aus einem anderen Ort kam, stellte sie als letzte Frage: „Könnten Sie mir bitte noch Ihren Namen und Ihre Funktion verraten?" Solche Situationen sind nicht nur peinlich, sondern führen auch zu kaum brauchbaren Aussagen im Interview vorher. Schließlich befragt man womöglich den Oberbürgermeister zur Bedeutung des Rennens für die Stadt, den sportlichen Leiter zu den Top-Startern und einen Rennfahrer selbst zu seinen Ambitionen.

> **Tipp** Je besser man vorbereitet ist, umso ernster wird man vom Gesprächspartner genommen und umso höher ist die Wahrscheinlichkeit, interessante Informationen zu entlocken.

Ort des Interviews: Nicht zu unterschätzen ist die Frage, *wo* man das Interview führt. Kommt der Gesprächspartner ins Redaktionsgebäude, fühlt er sich dort womöglich fremd, unwohl und beobachtet. Ein Café ist ein neutraler, meist angenehmer Ort. Allerdings ist es schwierig, hier vertrauliche Gespräche zu führen, da man in keinem abgeschlossenen Raum ist und weitere Gäste sich dort befinden. Ideal ist es, ein Interview dort zu führen, wo sich der Gesprächspartner am wohlsten fühlt. Für Porträts bietet es sich an, das Gespräch beim Porträtierten zu Hause zu führen. Neben den Zitaten erhält man hier auch einen Einblick, wie der Mensch lebt, wie er seine Wohnung eingerichtet hat und wie er im Alltag wirkt. Dies gibt einen authentischeren Einblick als ein Interview im Café. Gerne bieten Lokalredaktionen ihren Gesprächspartnern für Porträts daher auch an, das Interview mit ihnen an ihrem Lieblingsplatz in der Stadt zu führen. Für Reportagen muss man die Handelnden (*Protagonisten*) bei ihrer Arbeit bzw. ihrem Ehrenamt begleiten (siehe Kapitel Recherche für Reportagen).

In jedem Fall sollte man darauf achten, dass der Ort möglichst ruhig ist und man ungestört ist. Selbst die Sitzordnung kann den Gesprächsverlauf beeinflussen: Sitzt man sich bei einem kritischen Gespräch konfrontativ gegenüber oder am Tisch über Eck? Nimmt man auf der bequemen Couch Platz oder auf den unbequemen Klappstühlen in der Küche?

Dauer eines Interviews: Zu „adidas" in Herzogenaurach kommen immer wieder Top-Sportler aus der ganzen Welt. Als der australische Schwimmer Ian

Thorpe einen neuen Schwimmanzug getestet hatte, hatte der Sportartikelhersteller aus Franken zwei Sportjournalisten die Gelegenheit eingeräumt, Thorpe zusammen drei Minuten zu interviewen. Danach musste der eng getaktete Schwimmer zum nächsten Termin. Dies ist natürlich der Extremfall. Es zeigt aber, dass ein Interview (zum Beispiel auch mit Politikern am Rande eines Wahlkampfauftritts) zwischen wenigen Minuten und einem ganzen Tag dauern kann.

In jedem Fall sollte man sich genügend Zeit einplanen, um mit dem Gesprächspartner auch „warm" zu werden. Anfangs ein bisschen Small-talk verhilft zu einem guten Gesprächsklima. Insbesondere Menschen, die nur selten mit den Medien zu tun haben, brauchen Zeit, bis sie sich öffnen. Bei heiklen Gesprächen dauert es umso länger.

Tipps für ein Rechercheinterview

- Schaffen Sie zuerst ein positives Gesprächsklima! Sofort mit einer kritischen Frage zu beginnen, lässt den Interviewten sich verschließen.
- Passen Sie Ihre Kleidung an! Wer einen Jugendtrainer beim Sportverein ums Eck im Anzug mit Krawatte interviewt, schafft Distanz. Anders herum nimmt einen ein Wirtschaftsvertreter nicht ernst, wenn man eine Jeans mit Löchern an den Knien trägt.
- Passen Sie Ihre Sprache an! Wer mit der Marktfrau am Obststand ein Interview führt, sollte auf Fremdwörter verzichten. Manchmal kann Dialekt ein Eisbrecher sein. Zu starker Dialekt kann beispielsweise bei einem Forscher an der Uni provinziell wirken.
- Führen Sie bei kritischen Themen ein Interview zu zweit! Wenn Sie die Rollen in gut und böse wie beim Spiel *bad cop/good cop* verteilen, können Sie womöglich mehr herauslocken. Schließlich will es sich der Interviewpartner nicht auch noch mit dem netten Journalisten verspielen ...
- Setzen Sie bewusst offene bzw. geschlossene Fragen ein! Politiker können mit einer Frage, die nur ein „Ja" oder „Nein" zulässt (geschlossene Frage) festgenagelt werden. Bei wortkargen Gesprächspartnern sollte man möglichst offen fragen, dass sie animiert werden, in ganzen Sätzen zu antworten.
- Stellen Sie präzise Fragen! Dies erfordert natürlich, dass man sich vorher genau überlegt hat, worauf der Interviewpartner antworten soll.

3.3 Interview

- „Spiegeln" Sie die Antworten! Wenn jemand nur wenig erzählt, wiederholen Sie einfach in Ihren Worten, was er gesagt hat. Dies wird ihn anregen, den Ball wieder aufzunehmen und weiterzusprechen.
- Stellen Sie immer nur eine Frage! Zum einen verwirren Sie mit Mehrfachfragen Ihren Gesprächspartner. Geschickte Interviewpartner suchen sich zudem die für sie angenehmere Frage heraus und antworten auf die andere überhaupt nicht.
- Meta-Fragen („Warum sind Sie jetzt so verärgert?", „Geht es Ihnen gerade nicht gut?") können im Interview die Antwortbereitschaft stärken. Suggestivfragen („Sie sind doch auch der Meinung, dass ...?") sollten nur sparsam und gezielt eingesetzt werden; meist provozieren sie den Interviewpartner.
- Spielen Sie Inspektor Columbo und geben Sie vor, weniger zu wissen, als Sie tatsächlich tun! Dann können Sie messerscharf nachhaken, wenn sich jemand in Widersprüche verstrickt. Manchmal kann es auch sinnvoll sein vorzugeben, mehr zu wissen, als man tatsächlich weiß. Entscheidend ist, damit geschickt spielen zu können.
- Achten Sie auf die Gestik und auf die Mimik! Dies kann verraten, wie ernst jemand seine Aussage meint.

Wie protokolliere ich das Gespräch? Diese Frage wirkt banaler, als sie in der Praxis ist. Ziel ist es, möglichst viele Zitate und Fakten festzuhalten, aber den Gesprächsverlauf möglichst wenig zu stören.

Eine Möglichkeit ist, mit Stift und Block zu protokollieren. Allerdings sollte man dann nicht alles mitschreiben, sondern nur die wichtigsten Fakten und wichtigsten Zitate. Ansonsten stört dies den Redefluss des Interviewten. Mitzuschreiben und Fragen zu stellen, überfordert vor allem Berufseinsteiger häufig noch. Außerdem bleibt dem Gesprächspartner immer im Bewusstsein, dass es sich gerade um ein Interview handelt. Er wird vorsichtiger sein, vertrauliche Informationen preiszugeben.

Holger Gertz, Seite-3-Reporter der „Süddeutschen Zeitung", hat deshalb erzählt, dass er sich in solchen Situationen manchmal keine Notizen macht. In Gesprächspausen, wenn sein Interviewpartner oder er auf die Toilette gehen, habe er dann aus dem Gedächtnis die wichtigsten Zitate aufgeschrieben. Möglichst authentische Gespräche führen zu können, fällt daher auch Journalisten leichter, die Texte für Print- oder Onlinemedien verfassen, als solchen, die Videos drehen und die Kamera ständig mitlaufen lassen.

Ein Vorteil des Mitschreibens ist, dass man das Gesagte umgehend reflektiert und merkt, wenn das Gegenüber nur in Phrasen spricht und auf die Fragen überhaupt nicht eingeht. Intensives bzw. aktives Zuhören sollte man allerdings in jedem Fall trainieren.

Eine andere Möglichkeit statt des Mitschreibens ist, das Gespräch auf einem Diktiergerät oder Smartphone mitzuschneiden. Auch wenn das Gespräch per Skype oder Google Hangout geführt wird, kann man es aufzeichnen. Dies bedeutet aber, dass man nach längeren Gesprächen sehr viel Zeit investieren muss, das Band bzw. die Datei noch einmal abzuhören. Vorab muss der Interviewte außerdem mit der Aufzeichnung einverstanden sein. Das Gerät darf nicht heimlich verwendet werden; sonst macht man sich strafbar:

> **§ 201 Strafgesetzbuch**
> **Verletzung der Vertraulichkeit des Wortes**
>
> (1) Mit Freiheitsstrafe bis zu drei Jahren oder mit Geldstrafe wird bestraft, wer unbefugt
> 1. das nichtöffentlich gesprochene Wort eines anderen auf einen Tonträger aufnimmt oder
> 2. eine so hergestellte Aufnahme gebraucht oder einem Dritten zugänglich macht.
>
> (2) Ebenso wird bestraft, wer unbefugt
> 1. das nicht zu seiner Kenntnis bestimmte nichtöffentlich gesprochene Wort eines anderen mit einem Abhörgerät abhört oder
> 2. das nach Absatz 1 Nr. 1 aufgenommene oder nach Absatz 2 Nr. 1 abgehörte nichtöffentlich gesprochene Wort eines anderen im Wortlaut oder seinem wesentlichen Inhalt nach öffentlich mitteilt.
>
> Die Tat nach Satz 1 Nr. 2 ist nur strafbar, wenn die öffentliche Mitteilung geeignet ist, berechtigte Interessen eines anderen zu beeinträchtigen. Sie ist nicht rechtswidrig, wenn die öffentliche Mitteilung zur Wahrnehmung überragender öffentlicher Interessen gemacht wird.

Nach dem Interview verständigt man sich mit dem Gesprächspartner über das weitere Prozedere: Wann und wo wird ein Text veröffentlicht? Wird man sich erneut melden? Wird der Interviewte wörtlich zitiert? An diese Vereinbarung müssen sich dann beide Seiten halten.

Weiterführende Literatur

Andreas Baumert, Interviews in der Recherche: Redaktionelle Gespräche zur Informationsbeschaffung (Wiesbaden: Springer VS, 2004).

Mario Müller-Dofel, Interviews führen (Berlin: Econ, 2009).

3.4 Hintergrundgespräch

Anders als eine Pressekonferenz oder ein Interview dient ein Hintergrundgespräch nicht in erster Linie dazu, dass über die Aussagen berichtet wird. Politiker oder Wirtschaftsvertreter wollen die Gründe für ihr Handeln darlegen, einen Ausblick geben oder Personalentscheidungen kommentieren, womit sie allerdings nicht öffentlich in Verbindung gebracht werden wollen. Journalisten sollen den Akteur verstehen können. Wer zum Hintergrundgespräch einlädt, gibt sich offener und weniger diplomatisch als auf einer Pressekonferenz, wo er jede Aussage, jeden Satz, jedes Wort abwägen muss. Deshalb sind Hintergrundgespräche für Journalisten extrem wertvoll, um weiterführende Informationen statt nur der offiziellen Sprachregelungen zu erhalten.

Exklusive Runden sind Hintergrundgespräche mit meist nur wenigen Journalistenkollegen. Man wird geladen, nicht jeder Journalist erhält Zugang wie zu einer Pressekonferenz. Dies führt dazu, dass die Organisatoren relativ strikt ihre eigenen Spielregeln durchsetzen können. Wer sich nicht an die Spielregeln hält, fliegt aus dem Zirkel heraus.

Sprachcodes bei Hintergrundgesprächen

Unter eins – die Information darf wörtlich wiedergegeben und der Urheber darf direkt beim Namen genannt werden.

Unter zwei – die Information und das Umfeld der Quelle dürfen zwar wiedergegeben, aber nicht direkt zitiert werden. Hier kommt häufig die Floskel „Aus gut informierten Kreisen..." zum Einsatz.

Unter drei – die Information darf überhaupt nicht öffentlich verwertet werden. Der Journalist hat sie ausschließlich als Hintergrundwissen erhalten. Er kann die Informationen aber zum Anlass für weitere Recherchen nutzen. Außerdem kann dies in Artikeln und Kommentaren indirekt einfließen.

Nicht immer können sich Journalisten auf diese Spielregeln einlassen. Allerdings sollte man dann, bevor man zu einem Hintergrundgespräch kommt, dies mit dem Gesprächspartner fair und offen klären. Ein Grund kann sein: Man hat aus anderen Quellen bereits recherchiert, wer neue Verteidigungsministerin werden soll. Erhält man diese Information im Hintergrundgespräch dann erneut „Unter drei", darf man diese nicht mehr verwenden. Man macht sich folglich seine eigenen vorherigen Recherchen damit zunichte.

Hintergrundgespräche können natürlich auch vom Journalisten ausgehen. Er kann selbst darum bitten und auch exklusiven Zugang zum Gesprächspartner erhalten. In der Praxis sind in diesem Fall häufig auch Mischformen aus einem Interview und Hintergrundgespräch. Häufig wechselt der Interviewte dann mit dem Satz „Das Folgende ist nicht zum Zitieren" zwischen den beiden Rechercheformen.

Weiterführende Literatur

Tissy Bruns, Republik der Wichtigtuer: Ein Bericht aus Berlin (Bonn: Bundeszentrale für politische Bildung, 2007).

3.5 Veranstaltungen

Journalisten gehen ins Konzert, schauen sich ein Theaterstück an, verbringen den Samstag im Fußballstadion oder auf dem Opernball. Meist haben sie einen der besten Plätze. Und das auch noch, ohne sich eine Eintrittskarte kaufen zu müssen! Sie werden eingeladen, und im Pressebereich gibt es auch noch Essen und Getränke gratis. So stellen sich viele den Arbeitsalltag von Journalisten vor.

Am Ort des Geschehens: Natürlich ist richtig, dass Journalisten immer dort sein sollten, wo etwas passiert. Wer über den FC Bayern München oder Borussia Dortmund berichtet, der muss zu den Heim- und Auswärtsspielen ins Stadion gehen. Wer schreiben will, welche Promis auf dem Opernball waren, muss selbst dort sein. Wer eine Konzertkritik verfassen will, muss sich das Konzert live vor Ort anhören. Das heißt allgemein: Wer über eine Veranstaltung berichten will, kann dies nicht vom Schreibtisch aus machen. Dies gilt natürlich auch für andere Ereignisse, beispielsweise Naturkatastrophen (Erdbeben, Hochwasser usw.), einen Verkehrsunfall, einen Häuserbrand oder eine Demonstration.

Allerdings ist der Besuch einer Veranstaltung nur ein Teil der Recherche. Diese beginnt weit vorher und endet danach noch lange nicht. Wer sich vorab nicht informiert hat, was ihn bei der Veranstaltung erwartet, wird das Besondere nicht herausarbeiten können. Und wenn die 90 Minuten im Stadion vorüber sind, startet erst die harte Arbeit des Fußballreporters.

3.5 Veranstaltungen

Vorbereitung: Der erste Schritt ist auszuwählen, lohnt sich eine Berichterstattung über diese Veranstaltung überhaupt: Was ist neu? Was ist besonders? Warum könnten sich Leser, Hörer oder Zuschauer für einen Beitrag darüber interessieren? Dass etwas stattfindet, ist für einen Journalisten noch lange keine Geschichte.

Wenn man dies geklärt hat, muss man sich bei der Vorbereitung überlegen, was ist meine Geschichte im Thema (siehe Kapitel Themen finden). Es gilt daher, sich vorab das Programm und den Zeitplan genau anzuschauen, mit den Akteuren zu telefonieren und nachzufragen, ob man Zugang zur Veranstaltung auch genau so erhält, um seine Geschichte vor Ort recherchieren zu können. Wer beispielsweise eine Reportage über den Fanblock machen möchte, wäre auf der Pressetribüne falsch aufgehoben. Oder wer ein Berufsporträt über einen Souffleur im Theater schreiben will, hat in der Presseloge nichts verloren. Als Journalist sollte man vor Ort exakt wissen, was man dort recherchieren, auf was man achten und mit wem man sprechen will.

Vor der Veranstaltung sollte man sich auf den neuesten Stand bringen und recherchieren: Welche Spieler sind beim 1. FC Nürnberg verletzt und wie hat der Verein zuletzt gegen die SpVgg Greuther Fürth gespielt? Wer gibt im Theaterstück sein Debüt und wo hat der Schauspieler zuvor gearbeitet? Welche Fahrgeschäfte sind neu auf dem Oktoberfest und wie viele Besucher kamen im Vorjahr?

> **Tipp** Gute Vorbereitung ist das A und O vor einer Veranstaltung. Einfach nur auf eine Veranstaltung gehen und sich berieseln lassen, ist unprofessionell.

Vor Ort: Auf einer Veranstaltung sollte man nicht nur mit den Organisatoren und Akteuren, sondern mit möglichst vielen Besuchern sprechen. Dadurch bekommt man einen Einblick, ob die Fans den Trainer am liebsten in die Wüste schicken würden, ob den Zuschauern das Musical gefallen hat oder ob es bei der Organisation des Weihnachtsmarkts Mängel gab. Um sich später daran erinnern zu können, schreibt man seine Beobachtungen im Theater und die Torschützen im Fußball auf. Als Journalist beobachtet man aufmerksam das Geschehen und speziell das Detail, das man sich in der Vorbereitung für seine Geschichte ausgewählt hat.

Nachbereitung: Wenn die Operngäste nach der Aufführung ein Gläschen Sekt trinken oder die Eishockey-Fans ihre Mannschaft feiern, gilt es, mit möglichst vielen Akteuren zu sprechen. Als Journalist sollte man nach Veranstaltungen versuchen, die Hintergründe herauszubekommen, Dinge später im Beitrag erklären zu können, über die Besucher sprechen, für die sie aber keine Antwort haben. Warum hat der Trainer den ansonsten erfolgreichen Torjäger nach nur 20 Minuten ausgewechselt? Warum war die Musical-Aufführung eine halbe Stunde unterbrochen? Journalisten sollten möglichst mehr herausfinden und mehr wissen als der gewöhnliche Besucher. Die Nachbereitung muss nicht zwingend am Veranstaltungsort enden. In der Redaktion kann der Journalist auch telefonisch oder im Internet noch weiter recherchieren, um seine noch offenen Fragen zu klären.

Alle Veranstaltungen in allen Ressorts eignen sich zur Recherche. Über manche (wie Fußballspiele in der Bundesliga oder Formel-1-Rennen) wird regelmäßig berichtet, über andere nur zu besonderen Anlässen. Manche Veranstaltungen sind einmalig (wie zum Beispiel der Sprung von Felix Baumgartner aus der Stratosphäre im Oktober 2012), andere wiederkehrend (wie zum Beispiel Jahreshauptversammlungen von Unternehmen im DAX). Bei manchen Veranstaltungen erhalten Journalisten komplett freien Zugang, bei anderen (insbesondere Konzerten) ist dieser stark reglementiert. Meist sind Journalisten gern gesehen, weil dadurch über die Veranstaltung berichtet wird. Manchmal sind sie Veranstaltern eher lästig.

Messen bieten gute Möglichkeiten zur Recherche – nicht nur für Journalisten, sondern auch für Öffentlichkeitsarbeiter oder wissenschaftliche Mitarbeiter, die in diesem Themenfeld arbeiten und sich über Neuigkeiten informieren möchten. Auf dem Mobile World Congress in Barcelona werden die neusten Entwicklungen für Smartphones und Datenbrillen vorgestellt, auf der Biofach in Nürnberg werden die weltweiten Trends für Nachhaltigkeit präsentiert und auf der Cebit in Hannover die neuesten Produkte aus der Informationstechnik.

Unternehmen passen ihre Produktpräsentationen gerne an den Messekalender an. Während sie manchmal verschlossen sind, was Auskünfte über neue Produkte betrifft, um der Konkurrenz nicht zu viel Einblick zu gewähren, gehen sie auf Messen offensiver mit Informationen um. An den Messeständen stehen zudem sowohl Fachpersonal als auch Mitarbeiter der Öffentlichkeitsarbeit. Man kann von einem Stand zum anderen gehen und sich innerhalb kürzester Zeit einen Überblick über eine Branche verschaffen (und dies oft mit einem weltweiten Blickwinkel). Meist sind Vertreter von Branchenverbänden ebenfalls anwesend; auf einem messebegleitenden Kongress kann man noch tiefer in die Themen eintauchen. Auch hier ist die Vorbereitung natürlich enorm wichtig, um sich herauszusuchen (und ggf. sogar Termine vorab zu vereinbaren), mit wem man sprechen und welche Stände man besuchen möchte.

Selbst vereinbarte Termine sind für Recherchen mindestens genauso wichtig wie offizielle Veranstaltungen. Wer eine Reportage über den Alltag einer Gerichtsvollzieherin schreibt, muss sie mindestens einen Arbeitstag bei ihrer Arbeit begleiten. Wer den Kultusminister porträtieren will, sollte auch bei ihm einen Tag bei allen offiziellen Terminen dabei sein, um zu sehen, wie er mit Menschen umgeht, wie seine Reden ankommen, wie er sich zwischen den öffentlichen Auftritten verhält. Mehr zu den spezifischen Rechercheformen bei den journalistischen Darstellungsformen Porträt, Reportage und Feature findet sich in einem eigenen Kapitel.

3.6 Telefon, Videoaufzeichnung und E-Mail

Das Recherchemittel Nummer eins ist nach wie vor das gute alte Telefon. Natürlich ist in der Regel ein persönliches Treffen mit dem Interviewpartner vorzuziehen. Allerdings wird es aus Zeitgründen nie möglich sein, so viele Gesprächspartner zu treffen, wie man an die Strippe bekommt. Wenn man einen Gesprächspartner zudem bereits persönlich getroffen hat, ist häufig am Telefon eine gute Vertrauensbasis vorhanden, um auch hier erfolgreiche Interviews führen zu können.

Das Telefon bietet die Möglichkeit, zeitnah Interviews zu führen, den Reisekostenetat und das Zeitbudget zu schonen und auch mal nur kurze Nachfragen zu stellen. Trotzdem kann man am Telefon nachhaken, erkennt Zwischentöne und Stimmungen. Für manche Interviewpartner ist das Telefon sogar angenehmer, weil sie sich dann weniger beobachtet fühlen als bei einem persönlichen Gespräch und womöglich sogar noch mehr von sich preisgeben. Allerdings häufig nur dann, wenn man vorher bereits Kontakt mit ihnen hatte. In jedem Fall ist es eine flexible Form, um Interviews zu führen. Viele Tricks für die Gesprächsführung gelten sowohl für ein Vor-Ort- als auch für ein Telefoninterview.

Tipps für ein Telefoninterview

- Machen Sie eine Sprechpause am Telefon! Dies wird Ihrem Gesprächspartner unangenehm. Auch wenn er wortkarg ist, wird er diese Pause nicht aushalten und von sich aus weiter sprechen und womöglich mehr erzählen, als er vorher wollte.
- Wenn Sie die Durchwahl Ihres gewünschten Interviewpartners nicht haben und die Telefonzentrale nicht mehr besetzt ist, wählen Sie eine beliebige Durchwahl! Dort bitten Sie dann darum, weiterverbunden zu werden. Eitle Chefs haben übrigens häufig Telefonnummern mit der Durchwahl -10 oder -100.
- Seien Sie nett zur Sekretärin! Sie steht stets im Schatten ihres Chefs. Wenn Sie ihre Sympathie erobert haben, werden sie schneller durch-

gestellt und erhalten womöglich kleine wertvolle Informationen. Aber natürlich gilt: Sekretärinnen damit nie zitieren!
- Wenn Ihr Interviewpartner bei einer Frage mauert, schweifen Sie vom Thema ab und reden mit ihm über etwas ganz anderes! Versuchen Sie im Gespräch dann immer wieder vorsichtig, auf Ihre Ursprungsfrage zurückzukehren! Manchmal muss erst Vertrauen aufgebaut werden.
- Beginnen Sie einen Satz und lassen diesen vom Gesprächspartner beenden! Beispiel: „Wir wissen ja, wer die drei Bewerber um das Amt des Parteichefs sind: Meier, Müller und ..." Nicht selten fallen Interviewte darauf herein und wissen selbst dann gar nicht, dass sie der Informant für den dritten Namen waren.
- Abstrahieren Sie, wenn jemand nicht über den konkreten Fall sprechen möchte! Fragen Sie also, wie man generell in solchen Situationen verfährt, statt was diesmal speziell getan wurde. Dadurch erfahren Sie zumindest die grundsätzliche Haltung.
- Sind Sie sich nicht zu schaden, einen Gesprächspartner mehrfach anzurufen! Durch ein Ping-Pong-Spiel zwischen zwei Interviewpartnern können Sie relativ schnell zu guten Rechercheergebnissen kommen.

Das eigene Telefonverzeichnis ist das wichtigste Kapital für einen Rechercheur, egal ob einen Vorstandsassistenten, einen Journalisten oder einen Pressesprecher. Wer die Nummern (im besten Fall auch die Handynummern) der relevanten Gesprächspartner hat, kann mit diesen schnell und unkompliziert in Kontakt treten. Die Datei sollte deshalb ständig gepflegt und erweitert werden. Es eignet sich dafür nach wie vor der gute alte Karteikasten, aber auch eine Excel- oder besser Access-Datei.

Optimal ist es, wenn man in der Datei notiert, zu welchen Themen man den Gesprächspartner anrufen kann, worüber und wann man mit ihm schon gesprochen hat und ob man mit ihm besonders positive oder negative Erfahrungen bereits gemacht hat. Natürlich gehören auch die Funktion und die Mailadresse mit ins Verzeichnis. Um seine Kontakte zu pflegen, kann man auch ohne aktuellen Recherchegrund sich ab und zu melden und mit den Gesprächspartnern plaudern.

Wie beim persönlichen Interview gilt auch beim Telefon: Heimliches Mitschneiden des Gesprächs ist verboten.

Weitere digitale Aufzeichnungstechniken: Es muss sich nicht zwangsläufig bei dieser Rechercheform um ein klassisches Telefon handeln. Selbstverständlich kann man von unterwegs per Handy genauso recherchieren, wie man Anrufe ins

3.6 Telefon, Videoaufzeichnung und E-Mail

Ausland per Skype führt oder Google Hangouts für Videotelefonie nutzt. Bewusst sollte einem nur jeweils sein, was dies unter Datenschutzgesichtspunkten bedeutet.

E-Mails sind Fluch und Segen zugleich. Es ist verführerisch einfach, statt zum Telefonhörer zu greifen, eine Mail zu verschicken. Dies macht dann Sinn, wenn man lieber eine Antwort schriftlich erhält statt eines flüchtigen, nicht nachweisbaren Telefonats, um sich die Mail als Beleg aufzubewahren. Auch sind Mails nützlich, um (Telefon)termine zu vereinbaren, kurze Nachfragen zu stellen, jemanden über den Erscheinungstermin des Artikels oder Fernsehbeitrags zu informieren oder ein pdf der Zeitungsseite als Belegexemplar anzuhängen. Auch Dokumente lassen sich per Mail von Informanten gut zusenden. Ansonsten haben Mails viele Nachteile gegenüber einem Telefonat.

Die Antworten in Mails sind meist wohl überlegt und daher weniger authentisch als Zitate aus einem persönlichen Gespräch, Telefonat oder spontanen Tweet. Das größte Manko ist allerdings, dass man nicht sofort nachhaken kann, wenn jemand ausweichend oder nicht vollständig auf die Frage antwortet. Mit Hintergrundinformationen, die nicht zitiert werden sollen, hält man sich in Mails ohnehin viel bedeckter als am Telefon. E-Mails werden daher häufig nur als Notlösung eingesetzt, wenn ein Telefonat vom Gesprächspartner partout abgelehnt wird.

Eine seriöse Mailadresse ist wichtig, um von seinen Interviewpartnern ernst genommen zu werden. stoepselqueen@hotmail.com oder honey@gmx.de zählen hier sicherlich nicht dazu (beide Adressen haben Nachwuchsjournalisten aber tatsächlich genutzt). Standard ist auch eine Signatur, in der bei fest angestellten Mitarbeitern das Medium, die Kontaktdaten und der Eintrag ins Handelsregister stehen müssen. Freiberufler sollten zumindest ihre Kontaktdaten angeben und in der Mail auch nennen, für wen sie arbeiten.

Bei Anfragen per Mail sollte unbedingt eine Deadline genannt werden, bis wann eine Antwort nötig ist. Der Zeitpunkt sollte so gesetzt sein, dass man immer noch die Chance hätte, telefonisch nachzufassen, wenn man keine Antwort rechtzeitig erhält.

Um im Posteingangsordner ein Chaos zu vermeiden und die Mails besser archivieren zu können, legt man am besten pro recherchiertem Thema einen Ordner (bei komplexeren Themen auch Unterordner) an. Die Mails sollte man mindestens bis eine Weile nach der Veröffentlichung aufbewahren, um die Kontaktdaten zu sichern und bei Beschwerden ggf. auf die Korrespondenz zurückgreifen zu können. Bei juristisch heiklen Themen empfiehlt es sich, die Mails längerfristig zu sichern.

3.7 Archive und Bibliotheken

Für manche Themen sind Archive und Bibliotheken eine wahre Fundgrube. In erster Linie lassen sich dort natürlich historische Themen hervorragend recherchieren, die bei Lesern nach wie vor hoch im Kurs stehen. Aber auch wenn eine Ebola-Epidemie droht, lässt sich in Medizinbüchern etwas zur Krankheit finden, bei einer Regierungskrise im Politikwissenschaftsbuch über das Wahlsystem der Schweiz und zur Kunstausstellung über den französischen Maler Paul Gauguin die kunsthistorische Einschätzung. Bibliotheken (natürlich auch E-Books) eignen sich gut, um einen tiefen, fundierten Einblick in Themengebiete zu erhalten.

In Archiven findet man vor allem Originalquellen (siehe unten): Im Bundesarchiv in Koblenz werden beispielsweise die Unterlagen von Verfassungsorganen, Bundesbehörden und Bundesgerichten aufbewahrt. Daneben gibt es Archive in den Bundesländern. Zu finden sind dort Urkunden, Akten, Karten und digitale Daten, die allerdings nicht komplett frei zugänglich sind. Diese Form der Recherche ist natürlich zeitaufwändig, lohnt sich bei größeren Themen aber allemal.

Private Sammler können ebenfalls einen unschätzbaren Fundus an Material für Journalisten bereithalten.

Digitalisiert liegen inzwischen viele Bestände aus Archiven und Bibliotheken vor wie etwa Firmen- oder Vereinsregister. Mehr dazu im folgenden Kap. 4.

3.8 Konkurrenzmedien

Wer als Journalist über Fußball schreibt, für den gehören der „kicker" und die Konkurrenzzeitung vor Ort zur Standardlektüre. Es ist eine Selbstverständlichkeit, dass man im Blick hat, was andere Zeitungen, Zeitschriften, Online-Plattformen, Radio- und Fernsehsender über das eigene Themengebiet berichten.

Nichts ist peinlicher, als wenn man in der Redaktionskonferenz ein Thema vorschlägt, das das Konkurrenzmedium bereits einen Tag vorher gebracht hat. Oder wenn man über eine Politikaffäre recherchiert und den neusten Verlauf nicht kennt. Oder nicht mitbekommen hat, dass eine Sonntagszeitung exklusiv berichtet hat, dass neben dem Verkehrs- auch das Finanzministerium an Mautplänen arbeitet – und man einen Interviewtermin mit dem für die Maut zuständigen Referatsleiter im Verkehrsministerium hat.

Am Beginn des Arbeitstags steht deshalb die Presseauswertung: Journalisten, Pressesprecher und Unternehmenslenker müssen die aktuelle Berichterstattung über ihren Themenbereich kennen. An diesen Stand knüpfen sie bei ihrer weiteren Recherche an. Selbst auf Gerüchte aus Konkurrenzmedien, die sich als

falsch herausstellen, müssen sie in ihrer weiteren Recherche zumindest eingehen können und diese kennen. Unterstützung bieten hier Dienstleister, die Pressespiegel für gewählte Themenbereiche und ausgewählte Medien erstellen.
Den Medienmarkt zu beobachten ist durch das Internet einfach geworden. Eine Art elektronischen Pressespiegel erhält man beispielsweise durch das Anlegen von kostenfreien Google Alerts (https://www.google.de/alerts), die einen über neue Nachrichten, Blog- oder Website-Einträge im Word Wide Web per Mail auf dem Laufenden halten (siehe auch Kapitel Recherchewerkzeuge in der digitalen Welt). Allerdings fällt es durch die vernetzte Medienwelt inzwischen auch schneller auf, wenn man nicht up to date ist und eine vermeintliche Exklusivmeldung längst in anderen Medien publiziert war. Es genügt häufig nicht mehr nur, ein, zwei (ortsansässige) weitere Medien mit zu verfolgen.

3.9 Originalquellen

Manchmal sind sie staubtrocken, manchmal eine wahre Fundgrube: Originalquellen, die Journalisten für ihre Recherche heranziehen. Aus Zeitgründen und Bequemlichkeit wird dies von Journalisten allerdings häufig sträflich vernachlässigt.

Es gibt sicherlich auch Spannenderes zu lesen als das neue Hochschulgesetz oder den Gesetzesentwurf für die Maut. Allerdings ist die Gefahr für eine falsche Berichterstattung groß, wenn man sich nur auf Aussagen von Politikern oder Pressesprechern stützt und den Gesetzestext nicht im Original kennt. Deckt sich dies überhaupt mit dem Gesetz, was die Regierung stets behauptet? Ist der Gesetzesentwurf tatsächlich so mangelhaft wie von der Opposition kritisiert? Nur wer das Original kennt, kann dies selbst beurteilen. Und nur wenn man es selbst verstanden hat, kann man seine Leser, Hörer oder Zuschauer kompetent und zuverlässig informieren.

Gesetzestexte sind im Internet auf der Website des Bundesministeriums der Justiz und für Verbraucherschutz unter www.gesetze-im-internet.de. Auch nach Verwaltungsvorschriften kann dort gesucht werden. Unter www.bundestag.de bzw. auf den Internetseiten der Länderparlamente finden sich die dortigen Gesetze sowie auch Landtagsdrucksacken mit Gesetzesanträgen. Hier lässt sich beispielsweise auch recherchieren, ob die Mehrheitsfraktion gar nicht selbst so clever war mit der Gesetzesänderung, sondern tatsächlich erst den Antrag der Opposition abgelehnt und dann selbst eingebracht hat.

Der Hamburger Journalistik-Professor Volker Lilienthal zitiert in seinem Buch „Recherchieren" den ehemaligen „Spiegel"-Chefredakteur Georg Mascolo, der einmal von seinem „erotischen Verhältnis" zu den Akten gesprochen haben soll.

Lilienthal selbst hält Originalquellen für besonders wertvoll: „Am belegstärksten sind immer Akten, Sitzungsprotokolle und Gesprächsvermerke, die nicht für den Zweck der Veröffentlichung angelegt wurden und denen man deshalb umso eher unterstellen darf, einen ungeschönten Blick auf die Wirklichkeit wiederzugeben."[5]

Wie in der Wissenschaft zählt auch im Journalismus die Originalquelle mehr als die Sekundärliteratur. Neben Gesetzestexten und Protokollen können dies (Geschäfts)briefe und Verträge genauso sein wie Auszüge aus dem Vereins- oder Handelsregister und dem Grundbuch, Notizzettel genauso wie Skizzen. Diese Quellen können die Aussagen von Informanten unterstützen oder widerlegen.

Im Internet sind viele Quellen inzwischen frei zugänglich. Protokolle öffentlicher Stadtrats- oder Ausschusssitzungen können beispielsweise im Presseamt angefordert werden, Ad-hoc-Mitteilungen müssen börsennotierte Unternehmen frei zugänglich machen. Aber wie kommt man an die nicht öffentlich zugänglichen, geheimen, vertraulichen Dokumente? Indem man seine Gesprächspartner (vom geheimen Informanten über den Pressesprecher bis zum Politiker) einfach danach fragt. Weniger brisante Dokumente rücken sie gerne heraus, um ihre Glaubwürdigkeit zu untermauern. Brisante Dokumente geben sie vor allem dann weiter, wenn diese ihrem politischen Gegner, dem nicht ethisch korrekt handelnden Unternehmer oder der korrupten Verwaltung schaden. Das heißt: Am besten bei denen nachfragen, die den anderen nicht mögen: bei den Feinden.

Weiterführende Literatur
Volker Lilienthal, Recherchieren (Konstanz: UVK, 2014).

3.10 Interview mit Marco Puschner: Heute Schabrackentapire, morgen Nahverkehr

Marco Puschner ist Lokalredakteur der „Nürnberger Zeitung". Er schreibt über Kommunalpolitik genauso wie über den Tiergarten, über den 1. FC Nürnberg genauso wie über große Veranstaltungen in der Stadt.

Herr Puschner, wie recherchieren Sie hauptsächlich in der Lokalredaktion?
Marco Puschner: Als Lokalredakteur hängt man sehr viel am Telefon und spricht mit Behörden, Politikern, Verbänden. Oder auch mit Bürgern, die sich bei uns melden mit interessanten Informationen. Natürlich sind das Internet und das eigene

---
[5] Volker Lilienthal, Recherchieren (Konstanz: UVK, 2014): S. 31 f.

3.10 Interview mit Marco Puschner: Heute Schabrackentapire, morgen Nahverkehr

Zeitungsarchiv wichtig. Auf Pressekonferenzen oder durch Pressemitteilungen bekommt man Informationen serviert und gewinnt Anstöße für neue Geschichten. Zudem wälzen die Kollegen die Unterlagen für die Stadtrats- und Ausschusssitzungen oder suchen – zum Beispiel bei historischen Themen – auch mal im Stadtarchiv oder Bibliotheken nach Quellen.

Bleibt in Ihren Augen bei dem vielen Stress in einer tagesaktuellen Redaktion genügend Zeit für Recherche?

Marco Puschner: Zumindest würde man sich oft mehr Zeit wünschen, um Geschichten runder zu machen, also zusätzliche Aspekte und Blickwinkel einbauen zu können. Der Zwang, möglichst aktuell zu sein und mit Neuigkeiten sofort in der nächsten Ausgabe rauszugehen, führt schon dazu, dass man den einen oder anderen Anruf dann halt leider nicht mehr machen kann.

Wie baut man sich am besten Informantennetze auf?

Marco Puschner: Ich halte es für sehr wichtig, zum Beispiel Rufnummern oder Visitenkarten von Gesprächspartnern sorgfältig zu archivieren, um ein ganz breites Netz an Ansprechpartnern aufzubauen. Denn erst einmal ist es ja wichtig, zu wissen, wen man zu bestimmten Themen fragen kann. Läuft es gut, kann aus dem einen oder anderen dieser Ansprechpartner auch ein Informant werden, der einem dann vielleicht von sich aus die eine oder andere Sache steckt oder zumindest Tipps gibt für neue Geschichten. Gegenüber Informanten ist eine solide Vertrauensbasis wichtig – wenn man zusichert, etwas nicht oder noch nicht zu schreiben oder die Quelle zu verschleiern, muss man sich auch daran halten. Sonst erfährt man nie mehr etwas.

Wie lange dauert das?

Marco Puschner: Es dauert schon lange, ein solches Netz an Informanten und Ansprechpartnern aufzubauen, eigentlich ist es ein permanenter Prozess. Zudem haben es Lokalredakteure in der Regel mit einem bunten Mix an Themen zu tun, was einerseits schön ist, was es andererseits aber meines Erachtens schwieriger macht, diese Informantennetze auch zu pflegen. Es ist einfach unübersichtlicher, als wenn man sich journalistisch vorwiegend um eine bestimmte Institution oder einen bestimmten Bereich – sei es nun ein Fußball-Bundesligist oder eine Partei oder die städtische Hochschullandschaft – kümmern muss.

Spezialist oder Generalist: Geht in einer Lokalredaktion beides?

Marco Puschner: Es muss beides gehen. In der Lokalredaktion kann es passieren, dass derselbe Redakteur am Montag über technische Probleme im Nahverkehr, am Dienstag über den Nachwuchs bei den Schabrackentapiren und am Mittwoch über die Haushaltsverhandlungen im Stadtrat berichtet. Zugleich aber versuchen die Reaktionen schon, für die jeweiligen Themengebiete wie etwa Kommunalpolitik, Soziales, Polizei oder Gesundheit Spezialisten aufzubauen. Nur kann der Tiergartenexperte eben nicht davon ausgehen, dass er nicht doch auch mal über Strompreise schreiben muss.

Wie schafft man es, trotz der lokalen Nähe Distanz zu Funktionsträgern zu halten?

Marco Puschner: Das ist sicher mitunter schwierig, zumal man sich ja oft jahrelang kennt und sich immer wieder begegnet. Wenn der Kollege aus dem Politikressort die Bundeskanzlerin in einem Leitartikel kritisiert, wird er sie nicht tags darauf an der Straßenbahnhaltestelle treffen, mir kann das mit dem Bürgermeister oder einem Fraktionschef des Stadtrats sehr wohl passieren. Auf der anderen Seite gehört das zum Geschäft und zur Professionalität, hier keine Schere im Kopf zu haben. Und die Kommunalpolitiker oder andere örtliche Funktionsträger sollten das natürlich auch wissen, dass sie nicht erwarten können, immer nur mit Samthandschuhen angefasst zu werden.

Ist Recherche mehr Können oder Zufall?

Marco Puschner: Natürlich ausschließlich Können. Nein, im Ernst: Die solide Methodik bildet die Basis, aber ein bisschen Glück braucht man schon auch manchmal.

Recherchewerkzeuge in der digitalen Welt 4

Zusammenfassung

In diesem Kapitel geht es um Recherchewerkzeuge in der digitalen Welt: Wie Suchmaschinen, das Internet und Social Media von Journalisten und Pressereferenten optimal genutzt werden können, wird hier dargestellt. Auch auf Datenjournalismus wird eingegangen.

Das Internet ist eine wahre Fundgrube an Wissen. Die Online-Enzyklopädie Wikipedia hat es sich zur Aufgabe gemacht, dieses möglichst in vielen Teilbereichen durch nur wenige Klicks verfügbar zu machen. Egal, nach was man heute sucht, die Verführung liegt nahe, schnell danach zu googeln: nach dem Fernsehprogramm, der nächst gelegenen Kfz-Werkstatt oder einem Pizza-Bringdienst. Auch für die professionelle Recherche ist das Internet (insbesondere auch Social-Media-Kanäle) inzwischen unverzichtbar geworden. Allerdings gilt es, dabei einige Fallstricke zu umgehen.

4.1 Suchmaschinen

Der erste Schritt einer Internetrecherche führt meist zur Suchmaschine – und dort zu Google. Wer über den Maler Albrecht Dürer oder den DFB-Co-Trainer Thomas Schneider etwas wissen möchte, googelt die Personen zuerst. Das Wort „googeln" hat es sogar in den Duden geschafft und wird dort mit „mit Google im Internet suchen, recherchieren" beschrieben.

Allerdings endet eine Recherche nicht bei Google. In der Regel handelt es sich hierbei ohnehin nur um eine Vorrecherche, bevor die eigentliche Arbeit beginnt. Schließlich ist es die Aufgabe eines Journalisten, über Neuigkeiten zu berichten. Was für einen Neuigkeitswert hat aber eine Nachricht, die ausschließlich auf längst öffentlich zugänglichen Quellen aus dem Internet basiert?

© Springer Fachmedien Wiesbaden 2015
M. Kaiser, *Recherchieren*, Journalistische Praxis, DOI 10.1007/978-3-658-08721-0_4

Google kann deutlich mehr als lediglich die in der Suchmaske eingegebenen Wörter im World Wide Web zu finden. Mit diesen Treffern wird man als Rechercheur zudem nicht immer zufrieden sein bzw. sich zufrieden geben dürfen. Vor allem die angezeigte Reihenfolge passt nicht immer zu dem, was man sucht. Wer beispielsweise sich für seinen Garten eine Sitzbank kaufen möchte und das Wort „Bank" eingibt, erhält auf den ersten Seiten ausschließlich Links zu Kreditinstituten.

Deshalb ist es wichtig, sich Kombinationen aus Wörtern auszusuchen, die auf der Website vorkommen sollten. „Bank" und „Garten" könnte dies im oben genannten Beispiel sein. Wer nach einem „Rad" sucht, kann ein Fahrrad oder einen Autoreifen meinen. Im besten Fall versucht man sich daher hineinzudenken, wie das Ergebnis formuliert sein könnte und gibt dann diesen Satz oder Halbsatz ein. Google kann einen auf die richtige (manchmal aber auch auf die falsche Fährte locken), indem es selbst Vorschläge zur Vervollständigung macht.

Synonyme sind für Suchmaschinen häufig noch immer ein Problem. Wer „Drahtesel" eingibt, erhält andere Treffer als für „Fahrrad". Und bei den „Gelb-Schwarzen" findet man nicht zuerst Borussia Dortmund. Es kann daher einen Unterschied machen, ob man auf der Suche nach einem Kieferorthopäden „Kieferorthopädie", „Kieferorthopädische Praxis", „Kieferorthopäde" oder schlicht „Zähne herrichten" eingibt, obwohl Google inzwischen die semantische Suche einbezieht und dadurch immer mehr dazulernt. Online-Redakteure, die sich um Suchmaschinenoptimierung (*SEO = Search Engine Optimization*) kümmern, bedenken dies bei der Auswahl ihrer Schlagworte (*Keywords*). Auch bei der Recherche sollte man auf diese kleinen, aber feinen Unterschiede achten. Manchmal ändern sich auch die Suchanfragen, wenn man zwei Wörter eingibt und in einem neuen Versuch lediglich die Reihenfolge vertauscht.

Weil Google eine relativ komplexe Suchmaschine ist, bietet es selbst eine Anleitung in deutscher Sprache zur erweiterten Suche unter https://support.google.com/websearch an. Für die erweiterte Suche bei Google gilt:

Nach einem genauen Wort oder einer genauen Wortgruppe suchen: Mit Anführungszeichen kann man ein Wort oder eine Wortgruppe in genau der angegebenen Form suchen und abweichende Formen aus den Suchergebnissen ausschließen. Diese Funktion ist zum Beispiel bei der Suche nach Liedtexten oder Literaturzitaten praktisch, empfiehlt Google. Diese Methode kann man aber nur verwenden, wenn man nach einer ganz bestimmten Formulierung sucht und alle ähnlichen Varianten bewusst ausklammern möchte. Sinnvoll ist dies zum Beispiel auch bei der Suche nach Personen: Wer „Matthias Rose" eingibt, erhält nur Ergebnisse zur gleichnamigen Person und schließt damit alle Ergebnisse anderer Personen, die ebenfalls Matthias heißen, bzw. Blumen-Versandhändler aus.

Worte ausschließen: Wenn man ein Minuszeichen (−) direkt vor einem Wort oder einer Website einfügt, werden alle Ergebnisse mit diesem Wort bzw. von dieser Website aus der Suche ausgeschlossen. Diese Funktion ist besonders nützlich für Wörter mit mehreren Bedeutungen, wie zum Beispiel Jaguar (Automarke und Tier). Hier könnte man hinter das Wort Jaguar setzen − Auto, wenn man nach dem Raubtier sucht. Bei Webseiten könnte man diejenigen ausschließen, die man bereits durchforstet hat bzw. deren Treffer für einen nicht interessant sind. Will man Wikipedia ausklammern, müsste man dann zu dem Suchbegriff − *site:wikipedia.org* ins Eingabefenster schreiben.

Innerhalb einer Website oder Domain suchen: Anfragen mit diesem Suchoperator liefern ausschließlich Ergebnisse von bestimmten Websites oder Domains. Mit den folgenden Suchanfragen kann man beispielsweise nach allen Erwähnungen von „Olympia" auf der Focus-Website bzw. auf beliebigen Websites mit der Top-Level-Domain .gov suchen: *olympia site:focus.de* bzw. *olympia site:.gov*. Dies ist hilfreich, wenn man zum Beispiel nur die Website einer Behörde, eines Nachrichtenmediums oder eines Unternehmens durchsuchen möchte.

Einen bestimmten Dokumententyp suchen: Wer speziell nach einem Word-, Excel- oder pdf-Dokument sucht, kann in die Suchmaske zusätzlich zu den Schlagwörtern *filetype:docx*, *filetype:xls* oder *filetype:pdf* eingeben und erhält dann nur die Suchergebnisse mit den passenden Endungen.

Nach Webseiten suchen, die auf eine URL verweisen: Mit diesem Operator kann man nach Webseiten suchen, die auf eine bestimmte andere Seite verweisen. Beispielsweise kann man nach allen Webseiten suchen, die auf google.com verweisen. Dazu müsste man in die Suchmaske eingeben: link:google.com. Dies kann bei der Recherche spannend sein, um (bislang unsichtbare bzw. verheimlichte) Beziehungen zwischen zwei Webseiten aufzudecken.

Nach Webseiten suchen, die einer URL ähneln: Mit diesem Operator findet man Webseiten, die einer anderen URL ähneln. Wenn man zum Beispiel nach Internetseiten sucht, die sueddeutsche.de ähneln, dann werden einem bei der Eingabe related:sueddeutsche.de andere Nachrichtenseiten als Suchergebnisse angeboten.

Platzhalter verwenden: Bei einer Suchanfrage kann man ein Sternchen als Platzhalter für alle unbekannten Begriffe hinzufügen. Wenn man zusätzlich Anführungszeichen verwendet, kann man verschiedene Varianten einer Wortgruppe finden oder Begriffe innerhalb einer bestimmten Wortgruppe ermitteln. Beispiel: Wer nach dem Spruch „Geteiltes Leid ist halbes Leid" sucht, aber ihn nicht vollständig kennt, kann „geteiltes * ist halbes *" eingeben und erhält dann die gewünschten Treffer. Auch innerhalb bzw. am Anfang oder Ende eines Wortes kann man das Sternchen als Platzhalter verwenden.

Mehrere Wörter als alternative Suchbegriffe angeben: Wer nach Seiten sucht, die irgendeinen von mehreren Begriffen enthalten, fügt den Operator OR in Großbuchstaben zwischen den Begriffen ein. Ohne OR enthalten die Ergebnisse nur Webseiten, auf denen beide Begriffe vorkommen. Beispiel: Drahtesel OR Fahrrad OR Rad. Möglich ist aber auch mit NOT anzugeben, was nicht gefunden werden soll, bzw. mit AND zu sagen, welches Wort unbedingt ebenfalls auftauchen muss. OR, NOT und AND sind Begriffe, die ursprünglich aus der Mathematik stammen, und *Boole'schen Operatoren* genannt werden.

Nach einem Zahlenbereich suchen: Wenn man Zahlen durch zwei Punkte ohne Leerzeichen (..) trennt, erhält man Ergebnisse mit einem bestimmten Zahlenbereich, zum Beispiel Daten, Preise oder Maßeinheiten. Beispiel: Tablet 200 Euro..600 Euro.

Informationen zu einer Website finden: Dieser Suchoperator info:website.com liefert Informationen zu einer URL (in diesem Fall zu http://www.website.com). Dazu zählen unter anderem die im Cache gespeicherte Version der Seite, ähnliche Seiten und Seiten, die auf die angegebene Website verweisen.

Im Cache gespeicherte Version einer Website abrufen: Mit dem Suchoperator cache:bundesregierung.de kann man die Seitenversion von in diesem Beispiel www.bundesregierung.de abrufen, die Google beim letzten Crawling-Vorgang für die angegebene Website zwischengespeichert hat.

Ausländische Webseiten suchen: Wer nach einer US-Seite sucht, sollte statt www.google.de besser www.google.com in seinen Browser eingeben. Wer eine italienische Seite sucht, ist bei www.google.it besser aufgehoben etc. Wenn der Browser dennoch immer wieder auf die deutsche Version zurückspringt, kann man eine internationale Version durch die Eingabe von www.google.com/ncr (ncr=no country region) erzwingen.

> ▶ **Tipp** Die meisten Satz- und Sonderzeichen werden von Google bei der Suche ignoriert. Nur einige wenige Satzzeichen und Symbole werden erkannt und fließen in die Ergebnisse ein.

Wohnort und frühere Suchergebnisse: Nicht jeder erhält bei Google dieselben Suchergebnisse, wenn er beispielsweise die Wörter Restaurant und Grieche in die Suchmaske eingibt. Wer in Hamburg sucht, wird – ohne als Ergänzung Hamburg eingegeben zu haben – Treffer aus seiner Stadt finden. Außerdem bezieht Google frühere Suchanfragen mit ein, sofern man sich mit seinem Account angemeldet hat. Die Suchergebnisse bei Google sind längst personalisiert (wie auch die Treffer zum Beispiel bei Amazon).

4.1 Suchmaschinen

Die Text-, die Bilder- und zum Beispiel die News-Suche sind übrigens unabhängige Suchen mit jeweils unterschiedlichen Algorithmen, die erst bei der Darstellung der Ergebnisse wieder zusammengeführt werden.

Google Trends sind für eine völlig andere Form der Recherche einsetzbar. Unter https://www.google.de/trends kann man Schlagworte eingeben und erhält dann als Ergebnis nicht Webseiten, sondern die Zahl der Suchanfragen mit diesen Wörtern. Gesundheitsämter und Ärzte können so Grippeepidemien vorhersagen: Wenn auffällig oft nach dem Schlagwort „Grippe" gesucht wird, ist davon auszugehen, dass sich die Erkrankung gerade ausbreitet. Anders herum kann man auch durch die Analyse mit Google Trends herausfinden, wann die letzte größere Grippeepidemie in Deutschland war: Wer bei Google Trends die Wörter Grippe und Deutschland eingibt, erhält als Ergebnis, dass im November 2009 besonders häufig danach gesucht worden ist – deutlich öfter als in den Jahren zuvor und danach.

Aus wissenschaftlicher Sicht könnte man natürlich dagegen halten, dass es mehrere Variablen gibt, wie beispielsweise die Intensität der Google-Nutzung bzw. einer steigenden Zahl an Internetnutzern überhaupt. Ein Indiz kann die Zahl der Suchanfragen allerdings durchaus darstellen, vor allem weil man auch nach Regionen differenziert suchen kann. Bewegt die Personalie Bastian Schweinsteiger als neuer DFB-Kapitän nach dem WM-Sieg die Bayern mehr als die Niedersachsen? Über Google Trends ließe sich dies zumindest anhand der Suchanfragen nachweisen.

Weitere Suchmaschinen: Auch wenn Google im August 2014 in Deutschland knapp 95 Prozent Marktanteil hatte und häufig als Synonym für Suchmaschinen verwendet wird wie Tempo für Taschentücher oder iPhone für Smartphones, sollte man für die professionelle Recherche zumindest die weiteren Suchmaschinen kennen. Beispiele sind Bing, Ask.com und Search.com. Yahoo ist im Jahr 2009 eine Kooperation mit Microsoft eingegangen und hat die Suche von Bing in sein eigenes Portal integriert. Eine Übersicht über verschiedene Suchmaschinen gibt es unter www.seo-united.de/suchmaschinen.html.

Meta-Suchmaschinen, also Suchmaschinen, die eine Suchanfrage an mehrere andere Suchmaschinen gleichzeitig weiterleiten, die Ergebnisse sammeln und aufbereiten, sollten Journalisten nicht außer Acht lassen. Sie finden oft andere Ergebnisse als Google und stellen deshalb eine gute Ergänzung dar. Bei Metager kann man zudem selbst auswählen, welche Suchmaschinen herangezogen werden sollen. Die Metasuchmaschine Metager vom Rechenzentrum der Universität Hannover ist auch wegen ihrer Datenschutz-Einstellungen zu empfehlen: www.metager.de. Auch hilfreich: https://ixquick.com oder www.dogpile.com, die Google und Yahoo miteinander verbindet.

Eine spezielle Form ist www.klug-suchen.de. Hier kann man eine Kategorie (zum Beispiel Medizin) eingeben und erhält dann aufgelistet, welche Suchmaschinen bzw. Datenbanken sich zur Suche eignen. Außerdem sind dort 1117 Suchmaschinen aufgelistet (Stand: Dezember 2014).

Weiterführende Weblinks

www.suchmaschinen-online.de (Suchmaschinen-Verzeichnis und Tipps zur Suchmaschinen-Optimierung)

www.top-info.com (ständig aktualisierte Informationen und Links zu Suchhilfen für Journalisten vom Journalismus-Trainer Johannes Friedrich Reichert)

Weiterführende Literatur

Jan Winkler, Suchmaschinenoptimierung (Poing: Franzis Verlag, 2009).

4.2 Internetseiten

Nach der gezielten Suche landet man hoffentlich auf einer Website, die einem weiterhilft. Vor der eigentlichen Recherche kann man sich einen Überblick über ein Thema verschaffen, während der Recherche interessante und unerwartete Aussagen finden und nach Abschluss der Recherche überprüfen, ob die Namen und Funktionen richtig geschrieben sind.

In der Wissenschaft wird Wikipedia als Quelle nur eingeschränkt verwendet. In Haus-, Bachelor- und Masterarbeiten darf daraus in der Regel nicht zitiert werden, außer falls Wikipedia selbst Gegenstand der Betrachtung ist. Das liegt daran, dass die Informationen kollaborativ erstellt werden. Zum einen ist oft nicht ersichtlich, wer für die Informationen verantwortlich ist, da die Autoren meist unter Pseudonym arbeiten. Zum anderen ändern sich ganze Wikipedia-Einträge von heute auf morgen – teilweise grundlegend.

Ähnlich kritisch sollten Journalisten an Wikipedia herangehen (siehe das Kapitel Grundbegriffe der Recherche). Nützlich sind jedoch oftmals die Weblinks am Ende des Wikipedia-Eintrags. Immer wieder gibt es gefälschte oder geschönte Wiki-Einträge, aber viele Wiki-Einträge wurden tatsächlich nicht vom Laien, sondern von Experten verfasst.

Das Recherche-Institut Wissenschaftlicher Informationsdienst Köln (WIND) hat im Auftrag des Magazins „Stern" im Jahr 2007 eine Studie veröffentlicht, in der Wikipedia besser abgeschnitten hatte als der Brockhaus. Für den Test sind 50 zufällig ausgewählte Einträge aus den Fachgebieten Politik, Wirtschaft, Sport,

Wissenschaft, Kultur, Unterhaltung, Erdkunde, Medizin, Geschichte und Religion überprüft worden. Kriterien waren Richtigkeit, Vollständigkeit, Aktualität und Verständlichkeit. Es wurden Schulnoten vergeben. Wikipedia erzielte über alle Bereiche eine Durchschnittsnote von 1,7. Die Einträge zu den gleichen Stichworten im Online-Brockhaus erreichten nur eine Durchschnittsnote von 2,7.

Dies zeigt: Mag Wikipedia auch nicht als zitierfähig gelten (vor allem weil es keine verlässliche Qualitätskontrolle und keine Pflicht zu Klarnamen gibt), so lohnt oftmals doch ein erster Blick am Anfang der Recherche in das Online-Lexikon.

Skepsis ist von Berufs wegen bei jeder Internetseite angebracht. Auch hier benötigt man eine zweite Quelle vor einer Veröffentlichung. Wer nur im Netz recherchiert, setzt sich einer größeren Gefahr aus, dass die eine Quelle allerdings von der anderen abgeschrieben hat und gar keine weitere originäre Quelle ist. Auch komplett gefakte, also eigens zur Irreführung erstellte Websites gibt es.

Volker Lilienthal empfiehlt, sich zunächst einen Gesamteindruck von der Seite zu verschaffen: „Die Machart der Seite, ihr modernes, professionelles oder altbacken-laienhaftes Design sowie die Einhaltung von Normen (wie Orthografie) sind wichtige Hinweise, um die Professionalität und Rechtschaffenheit eines Internetanbieters im Word Wide Web einzuschätzen. Doch Vorsicht: Auch Neonaziseiten können formal flott aussehen."[1] Natürlich kann sich anders herum auch die vor Rechtschreibfehlern nur so strotzende Internetseite als wertvoll herausstellen.

Generell gilt: Nachrichtenseiten vom „Spiegel" und „Focus" über die „Süddeutsche Zeitung", „Welt" und „Frankfurter Allgemeine Zeitung" bis hin zu Ablegern von regionalen Tageszeitungen oder etablierten Special-Interest-Titeln darf man unterstellen, dass sie selbst nach den einschlägigen Kriterien recherchieren. Natürlich wird man aber auch hier über Fehler stolpern (vor allem aufgrund des hohen Tempos im Netz und der häufig mit weniger Personal ausgestatteten Online-Redaktionen).

Webseiten von Unternehmen oder Behörden haben das Vertrauen verdient, das man auch den per E-Mail verschickten Pressemitteilungen entgegenbringt. Hier treten die bekannten Stellen genauso mit ihrem Namen für die Richtigkeit ein wie offline. Hundertprozentige Sicherheit gibt es hier dennoch nicht. Erscheint eine Meldung oder ein Fakt nicht plausibel, sollte man zum Telefonhörer greifen und anrufen.

Vor dem Derby zwischen Borussia Dortmund und dem FC Schalke 04 sind die Gelsenkirchener im Jahr 2009 Opfer eines Hacker-Angriffs geworden. Statt der offiziellen Homepage war unter www.schalke04.de ein Sensenmann zu sehen mit Worten wie „Hier regiert 1909" und „Tod und Hass dem S04". Zu dem

---

[1] Volker Lilienthal, Recherchieren (Konstanz: UVK, 2014): S. 74.

Hacker-Angriff hat sich ein Dortmund-Fan bekannt. In diesem Fall war dies auf Anhieb zu erkennen, aber ähnlich wie bei gefälschten Online-Banking-Zugängen oder falschen E-Shops lassen sich natürlich auch Unternehmens- oder Behördenseiten täuschend echt fälschen.

Manchmal stecken hinter ähnlich klingenden Domainnamen auch völlig andere Anbieter. Wer zum Beispiel www.icetigers.de oder www.ice-tigers.de eingibt, landet auf der Website des Nürnberger Vereins aus der Deutschen Eishockey-Liga. Gibt man www.icetigers.com ein, öffnet sich die Seite eines Reisebüros; unter www.ice-tigers.com findet man die private Site von zwei Motorrad-Liebhabern.

Domainabfrage bei der DENIC: Wer wissen will, wer hinter einer Domain steckt, kann dies bei deutschen Adressen über die DENIC abfragen. Die DENIC ist eine Genossenschaft und die zentrale Registrierungsstelle für alle Domains unterhalb der Top Level Domain .de. Wenn man unter www.denic.de in die Suchmaske zum Beispiel journalistische-praxis.de eingibt, erhält man als Domaininhaber die Stiftung Journalistenakademie Dr. Hooffacker GmbH & Co. KG von Gabriele Hooffacker, der Herausgeberin der Buchreihe.

Bei Public Interest Registry lässt sich unter www.pir.org feststellen, wer Adressen mit der Endung .org registriert hat. Wenn man www.markus-kaiser.org eingibt, erhält man somit die Anschrift und Kontaktdaten des Autors dieses Buchs. Auch die Dienste http://allwhois.org oder www.betterwhois.com kann man für Abfragen nutzen. Allerdings funktioniert dies nicht so einwandfrei wie bei der DENIC.

Der PageRank zeigt an, wie gut verlinkt eine Website ist. Hinter dem PageRank steckt ein Algorithmus, der verlinkte Dokumente anhand ihrer Struktur bewertet und gewichtet. Dabei wird jedem Element aufgrund seiner Verlinkungsstruktur ein Wert zugeordnet. Der Algorithmus wurde von Larry Page (daher der Name PageRank) und Sergei Brin an der Stanford University entwickelt. Mehrere Plattformen (wie http://checkpagerank.net) bieten diese Analyse an.

▶ **Tipp** Über bekannte Fälschungen, Kettenbriefe und Viren informiert ein Portal der Technischen Universität Berlin: https://hoax-info.tubit.tu-berlin.de.

Das Impressum ist ebenso hilfreich bei der Einschätzung von Webseiten. Im Telemediengesetz (TMG) ist exakt geregelt, was dort aufgeführt sein muss. Fehlen Angaben oder gar das gesamte Impressum, lohnt sich ein kritischer Umgang mit der Website erst Recht. Daneben erfährt man über den Betreiber häufig etwas auf Seiten wie „About" oder „Über mich" bzw. „Über uns".

§ 5 TMG Allgemeine Informationspflichten

(1) Diensteanbieter haben für geschäftsmäßige, in der Regel gegen Entgelt angebotene Telemedien folgende Informationen leicht erkennbar, unmittelbar erreichbar und ständig verfügbar zu halten:
1. den Namen und die Anschrift, unter der sie niedergelassen sind, bei juristischen Personen zusätzlich die Rechtsform, den Vertretungsberechtigten und, sofern Angaben über das Kapital der Gesellschaft gemacht werden, das Stamm- oder Grundkapital sowie, wenn nicht alle in Geld zu leistenden Einlagen eingezahlt sind, der Gesamtbetrag der ausstehenden Einlagen,
2. Angaben, die eine schnelle elektronische Kontaktaufnahme und unmittelbare Kommunikation mit ihnen ermöglichen, einschließlich der Adresse der elektronischen Post,
3. soweit der Dienst im Rahmen einer Tätigkeit angeboten oder erbracht wird, die der behördlichen Zulassung bedarf, Angaben zur zuständigen Aufsichtsbehörde,
4. das Handelsregister, Vereinsregister, Partnerschaftsregister oder Genossenschaftsregister, in das sie eingetragen sind, und die entsprechende Registernummer,
5. soweit der Dienst in Ausübung eines Berufs im Sinne von Artikel 1 Buchstabe d der Richtlinie 89/48/EWG des Rates vom 21. Dezember 1988 über eine allgemeine Regelung zur Anerkennung der Hochschuldiplome, die eine mindestens dreijährige Berufsausbildung abschließen (ABl. EG Nr. L 19 S. 16), oder im Sinne von Artikel 1 Buchstabe f der Richtlinie 92/51/EWG des Rates vom 18. Juni 1992 über eine zweite allgemeine Regelung zur Anerkennung beruflicher Befähigungsnachweise in Ergänzung zur Richtlinie 89/48/EWG (ABl. EG Nr. L 209 S. 25, 1995 Nr. L 17 S. 20), zuletzt geändert durch die Richtlinie 97/38/EG der Kommission vom 20. Juni 1997 (ABl. EG Nr. L 184 S. 31), angeboten oder erbracht wird, Angaben über
   a) die Kammer, welcher die Diensteanbieter angehören,
   b) die gesetzliche Berufsbezeichnung und den Staat, in dem die Berufsbezeichnung verliehen worden ist,
   c) die Bezeichnung der berufsrechtlichen Regelungen und dazu, wie diese zugänglich sind,

> 6. in Fällen, in denen sie eine Umsatzsteueridentifikationsnummer nach § 27a des Umsatzsteuergesetzes oder eine Wirtschafts-Identifikationsnummer nach § 139c der Abgabenordnung besitzen, die Angabe dieser Nummer,
> 7. bei Aktiengesellschaften, Kommanditgesellschaften auf Aktien und Gesellschaften mit beschränkter Haftung, die sich in Abwicklung oder Liquidation befinden, die Angabe hierüber.
>
> (2) Weitergehende Informationspflichten nach anderen Rechtsvorschriften bleiben unberührt.

Wenn die Identität des Website-Betreibers geklärt ist, kann man einschätzen, welche Interessen er verfolgt. Betreibt er als Unternehmen oder Institution PR in eigener Sache? Ist es ein journalistisches Medium, das neutral informieren will (hier ist es auch wichtig zu wissen, welcher Weltanschauung bzw. Partei ein Medium nahe steht)? Handelt es sich um einen Online-Shop? Oder ist es ein Verzeichnis, in das sich jeder selbst eintragen kann und jeder somit seine Informationen selbstständig filtert (zum Beispiel Datenbanken wie www.kresskoepfe.de mit Medienschaffenden)? Es heißt nicht, dass deshalb die Webseiten nutzlos sind. Wichtig ist für den Journalisten und Pressereferenten nur zu wissen, wer hinter dem Angebot steckt und wie die Informationen veröffentlicht worden sind.

Unsichtbar im Netz? Von wegen! Ein Thriller hätte nicht spannender sein können. Der US-amerikanische Whistleblower und ehemalige Geheimdienstmitarbeiter Edward Snowden enthüllte im Juni 2013, wie die USA und Großbritannien in großem Umfang die Telekommunikation und insbesondere das Internet weltweit überwacht haben. Die Daten wurden gespeichert. Auch Gebäude und Vertretungen der Europäischen Union sowie die Vereinten Nationen sollen mit Hilfe von Wanzen ausspioniert worden sein. Außerdem wurden zahlreiche Spitzenpolitiker auch verbündeter Staaten abgehört. Darunter war selbst das Handy von Bundeskanzlerin Angela Merkel. Teilweise wurde auch in deren E-Mail-Konten eingedrungen. Als Rechtfertigung führten die Politiker und Geheimdienstchefs der USA und Großbritanniens an, dass damit terroristische Anschläge verhindert werden sollten.

Die Spionage-Affäre (NSA-Affäre, benannt nach dem US-Geheimdienst National Security Agency) ist selbst ein Jahr später noch immer präsent in der Bevölkerung und in der politischen Diskussion. Vor allem Journalisten sollte die Affäre alarmieren. Schließlich gilt es, die eigenen Quellen und damit auch Informanten zu schützen.

4.2 Internetseiten

Dies mag nicht bei jeder Recherche wichtig sein, wenn beispielsweise der Lokalsportredakteur sonntags die Amateurfußball-Ergebnisse von der Verbandsseite abruft oder der Lokalredakteur eine Liste mit den runden Geburtstagen der Einwohner der Kreisstadt erhält. Doch auch lokale Tageszeitungen berichten über Missstände, Skandale und Korruption.

Wenn vertrauliche Inhalte via Social Media öffentlich werden, kann dies einen Posten oder den Job kosten, die Scheidung einbringen oder Ermittlungen der Staatsanwaltschaft. Und dies kann leichter passieren, als man vermutet. Tausende Nutzer hatten beispielsweise im September 2012 über ihre Facebook-Accounts berichtet, das US-Unternehmen zeige alte private Nachrichten öffentlich an. So tauchten in der Timeline verschiedener Nutzer plötzlich alte Nachrichten auf, die nicht für alle Augen bestimmt waren. Facebook dementierte zwar, gab jedoch zu: Theoretisch bestünde jederzeit die Möglichkeit, da Facebook selbst vom User vermeintlich gelöschte interne Nachrichten weiter speichert.

Beim beliebten Kurznachrichtendienst WhatsApp sieht dies nicht anders aus. Deshalb raten Experten, niemals über Facebook oder WhatsApp vertrauliche Dialoge zu führen und nur Dinge zu schreiben, die notfalls auch die Öffentlichkeit mitbekommen dürfte. Für Journalisten geht es aber nicht nur darum, *was* mit Informanten besprochen wurde, sondern allein schon, *dass* miteinander gesprochen wurde. Dadurch lässt sich eingrenzen bzw. herausfinden, wer der Maulwurf (*Whistleblower*) war, der die vertrauliche Information aus dem Kreistag, der Dienststellenleitersitzung oder dem Strategietreffen der Marketingabteilung an die Presse gegeben hat.

Der Provider weiß alles: Die NSA-Affäre hat die Augen geöffnet. Doch schon vorher war bekannt, dass jeder im Internet Spuren hinterlässt, dass das Internet alles andere als anonym ist. Der Provider kennt den Namen, die Anschrift, die E-Mail-Adresse, häufig die Telefonnummer, private URL und genutzte IP-Adresse seines Kunden.

Was die IP-Adresse verrät. Der Provider ist nur eine Station beim Surfen durch das Internet. Alle weiteren Web-Server, die ein Nutzer aufsucht, benötigen rein technisch Informationen zu seiner Identifikation. Um die bestellten Datenpakete korrekt zustellen zu können, braucht jeder Web-Server eine IP-Adresse (IP=Internet-Protocol). Diese Zahlenkolonne vom Typ 192.255.255.255 ist jeweils nur einmal auf der ganzen Welt vorhanden – und sie ist, zumindest während der Betreffende online ist, eindeutig seinem PC zugeordnet.

Auch der Browser verrät eine Menge. Lesezeichen verraten genauso, auf welchen Seiten man war, wie die History-Funktion des Browsers. Diese speichert, was man in letzter Zeit (den Zeitraum kann man selbst festlegen) online getrieben hat.

Im Zwischenspeicher (Cache) auf dem eigenen PC oder dem unternehmenseigenen Server liegen ebenfalls viele der kürzlich besuchten Webseiten.

In Cookies kann gespeichert werden, was man in ein Webformular eingetragen, welche Artikel man im Online-Shop in den Einkaufswagen gelegt oder welche Mailadresse man bei der Anmeldung zum Browsergame genutzt hat. Cookies können nützlich sein, weil sie den User mit der Zeit sehr gut kennen und Webseiten auf seine Bedürfnisse abstimmen (zum Beispiel die passende Werbung zu seinen früheren Suchanfragen). Genau dies kann wiederum unter Datenschutzgesichtspunkten auch sehr problematisch sein.

Jede Stelle, an der die Daten auf dem Weg zum PC vorbeikommen, kennt die Daten und weiß, woher sie kommen. Das reicht vom eigenen Browser über den Server im Heimnetzwerk oder der Redaktion über die Verbindungsnetze (egal ob Festnetz oder mobil) über den Provider bis zu jedem Netzknoten, an dem die Daten vorbeikommen.

Auch wie man auf eine Website gelangt ist, merkt sich deren Server, beispielsweise über eine Google-Suche. Er speichert auch, welche Suchworte man eingegeben hat. Der Betreiber erhält diese Informationen über den so genannten *Referrer* (Internetadresse der Webseite, von der der Benutzer durch Anklicken eines Links zu der aktuellen Seite gekommen ist), wenn er seine Abruf-Statistik auswertet. Dies ist selbst bei privaten Webseiten inzwischen mühelos möglich, beispielsweise mit Google Analytics.

> **Tipp** Der Landesbeauftragte für Datenschutz des Landes Schleswig-Holstein beispielsweise stellt unter www.datenschutz.de Informationsmaterial zur Verfügung. In Bayern gibt das Landesamt für Datenschutz in Ansbach online Tipps unter www.lda.bayern.de.

Anonymizer verwenden. Von vielen Experten werden Proxy Server als die ultimative Lösung gegen Datenspuren und Schnüffler angepriesen. Dieser schaltet sich zwischen den eigenen Rechner und den Zielserver. Wenn man eine Website aufruft, wird die Anfrage an den Proxy und die eigene IP-Adresse gesendet. Dieser leitet wiederum nur die Anfrage an den Zielserver weiter. So taucht die IP-Adresse beim Zielserver nicht auf. Unter www.anonym-surfen.com wird die Funktionsweise im Detail beschrieben.

Die Leipziger Medien-Professorin und Gründerin der Münchner Journalistenakademie, Gabriele Hooffacker, erklärt, wie man Datenschutz ernst nimmt:

Zehn Tipps: So schützen Journalisten ihre Privatsphäre im Netz

1. Passwörter sollten Sie nicht im Browser speichern, sondern im eigenen Kopf. Die Passwörter von Dienst zu Dienst nach einem selbst ausgedachten Schema variieren, damit nicht gleich alle Zugänge kompromittiert sind, wenn mal wieder eine Nutzerdatenbank abgesaugt worden ist.
2. Niemals online eigene Passwörter verraten, auch nicht jemandem, der sich als Administrator oder ähnlich ausgibt.
3. Verwenden Sie als Passwort nichts, was in irgendeiner Form mit Ihnen in Zusammenhang gebracht werden kann, etwa Vornamen oder Geburtstag des Partners/der Partnerin. Auch die Namen der Gegenstände in der Umgebung Ihres PCs sind ungeeignet.
4. Üben Sie grundsätzlich äußerste Zurückhaltung beim Ausfüllen von Online-Formularen. Speichern Sie die Formulardaten nicht im Browser.
5. Wenn Sie online nicht wiedererkannt werden wollen, darf Ihr Browser Cookies nicht akzeptieren. Da viele Anwendungen ohne Cookies aber nicht funktionieren, sollte man die Cookies zumindest bei Ende der Sitzung löschen.
6. Wenn Sie Wert auf Ihre Privatsphäre legen, dann sollten Sie grundsätzlich einen Mail-Client statt Webmail verwenden und E-Mails und Dateianhänge (Attachments) verschlüsseln. Per E-Mail erhaltene Attachments nicht sofort öffnen, sondern auf Festplatte speichern und auf Viren checken.
7. Nutzen Sie Internet-Cafés für knifflige Recherchen und für E-Mail-Verkehr von einer Deckadresse aus.
8. Wenn Sie sicher sein wollen, dass der Weg zu Ihnen nicht zurückverfolgt werden kann, verwenden Sie beim Surfen einen Anonymizer mit mehrfacher Verschlüsselung. Man kann auch mehrere Anonymisierungsdienste kombinieren. Eine Übersicht gibt es unter www.anonym-surfen.com.
9. Wichtige Daten auf der eigenen Festplatte verschlüsseln. Notebook mit kompletten Netzwerk- und Internet-Zugangsdaten nicht herumliegen lassen.
10. Gelöscht ist nicht gelöscht: Nach dem Löschen von Daten Datenträger neu formatieren. Defekte Datenträger mit wichtigen Daten nicht einfach wegwerfen, sondern mechanisch zerstören.

https statt http: Gewöhnlich beginnen Internetseiten mit http://– bei der sicheren Variante wird ein „s" angehängt. https steht für *HyperText Transfer Protocol Secure* (englisch für „sicheres Hypertext-Übertragungsprotokoll"). Dies ist ein Kommunikationsprotokoll im World Wide Web, um Daten abhörsicher zu übertragen. Es findet immer stärkere Verwendung. Suchmaschinen planen sogar, in ihren Algorithmus positiv einfließen zu lassen, wenn eine Website https statt http nutzt (Stand September 2014).

Eine zweite Identität aufbauen, raten manche, um digitale Spuren zu verwischen. Wenn man nicht möchte, dass die Redaktions-E-Mail-Adresse mit der Kontaktperson in Verbindung gebracht werden kann, wird empfohlen, sich bei einem Web-Mail-Provider wie Web.de oder GMX eine weitere Adresse anzulegen. Wenn man diese nicht vom Redaktionscomputer und heimischen Rechner nutzt, kann sie zwar möglicherweise geknackt, aber einem nicht zugeordnet werden.

Allerdings bewegt man sich hier auf einem schmalen Grat. In Ziffer 4 des Pressekodex betont der Presserat, dass „unwahre Angaben des recherchierenden Journalisten grundsätzlich mit dem Ansehen und der Funktion der Presse nicht vereinbar" seien.

Für Diskussionen hatte deshalb im September 2013 gesorgt, dass der „journalist", das Magazin des Deutschen Journalisten-Verbands, den sechsseitigen Artikel mit dem Titel „Planet Springer" von einem angeblichen Max Rethow schreiben hat lassen. Allerdings hat der Branchendienst newsroom.de aufgedeckt, dass es gar keinen Max Rethow gibt: Doch „an keiner Stelle wird im ,Journalist' darauf hingewiesen, dass es sich bei ,Max Rethow' um ein Pseudonym handelt, die Leser werden in die Irre geführt und von Anfang bis Ende in dem Glauben gelassen, dass ,Max Rethow' der Verfasser sei", kritisierte newsroom.de-Chefredakteur Bülend Ürük. „Muss ,Max Rethow' wegen des Springer-Funke-Beitrages wirklich Angst um Leib und Seele haben, wie es Kollegen ergeht, die beispielsweise in der Nazi-Szene recherchieren? Wäre es nicht besser gewesen, er hätte unter seinem eigenen Namen publiziert?"

Fragen an Webdienste, die man stellen sollte, ehe man sie nutzt (von Albrecht Ude)

Das World Wide Web wimmelt von Diensten, die man kostenfrei nutzen kann. Und das ist gut so. Aber oft gilt: Ist der Dienst umsonst, sind die Kundendaten das Produkt, mit dem das Geld gemacht wird. Ein paar hilfreiche Fragen, die man stellen sollte, ehe man einen Dienst nutzt. Es gibt viele gute Gründe, Dienste des WWW zu nutzen. Weil es nützlich ist, weil es Spaß macht, weil es Informationen bringt, weil viele Freunde das auch machen, weil weil weil. Wem seine Privatsphäre wichtig ist, dem helfen zwei Mal sechs Fragen, um Angebote im Web zu beurteilen – einerlei, ob soziale Netze, Suchmaschinen oder was immer:

Sechs Fragen an mich selbst

1. Was will ich mit dem Account, wozu brauche ich den? Will ich ihn nur passiv nutzen (Lesen und Recherchieren) oder aktiv (Schreiben und Veröffentlichen)?
2. Werde ich über den Account Kontakt zu Menschen aufnehmen? Werde ich mit diesen mailen, telefonieren, sie real treffen?
3. Darf man den Account finden, wenn man nach mir recherchiert? Kann ich den auf meiner Homepage verlinken?
4. Darf der Betreiber des Dienstes wissen, dass ich das bin?
5. Wie viele meiner realen Daten darf ich verwenden, wie viele muss ich verheimlichen und gegebenenfalls faken?
6. Was muss ich tun, wenn ich den Account wieder loswerden will?

Sechs Fragen an Webdienste

1. Wo ist der Sitz der Firma, also: welches Recht gilt dort? Um das herauszubekommen, reicht ein Blick ins Impressum.
2. Wo stehen die Server der Firma: wohin werden die Daten übermittelt und verarbeitet? Das sollte die Firma eigentlich selbst publizieren. Mit dem Addon WorldIP für den Webbrowser Firefox kann man die Frage selbst beantworten (WorldIP – GeoAdd-on mit Sicherheitsfunktionen: https://addons.mozilla.org/de/firefox/addon/worldip). Diese ersten beiden Fragen sind wichtig, weil Geheimdienste üblicherweise an Daten herankommen, die sich in ihrem Hoheitsgebiet befinden. Im Falle der USA gibt es die so genannten „Security Letters", mit den Firmen zur Öffnung ihrer Daten und Verschlüsselungen gezwungen werden. Und darüber dürfen die nicht mal mit ihren Anwälten frei sprechen. Am 8. August 2013 löschte der E-Mail-Dienstleister Lavabit lieber alle Daten seiner Kunden, als der US-Regierung Zugriff zu gewähren. Lavabit-Gründer Ladar Levison dazu: „Solange es keine klaren Aktionen des Kongresses oder der Justiz gibt, kann ich nur jedem dringend davon

abraten, private Daten einem Unternehmen anzuvertrauen, das direkte physische Verbindungen zu den Vereinigten Staaten hat."
3. Wem gehört die Firma, welche Rechtsform hat sie und wer ist daran beteiligt? Diese Frage kann man oft mithilfe der englischen Wikipedia beantworten.
4. Wie werden die Daten übermittelt: kann man die Dienste der Firma mit dem verschlüsselten Protokoll HTTPS via Secure Socket Layer (SSL) abrufen? Wenn das geht, ist nämlich das Ablauschen der Daten während der Übermittlung schwierig, wenn nicht gar unmöglich. Das Addon HTTPS Everywhere von der Electronic Frontier Foundation leistet hier gute Dienste. Es versucht, jede Verbindung im WWW via HTTPS aufzubauen.
5. Welche Daten sammelt die Firma? Hier ist man – leider – wohl oder übel auf die Selbstaussagen in der „Privacy Policy" angewiesen. Es sei denn, die Firma lässt das extern prüfen („zertifizieren"), was allerdings mit Kosten verbunden ist, die gerade kleinere Anbieter scheuen.
6. Wie finanziert sich der Dienst? Hier ist man auf Selbstaussagen, Wikipedia oder die Presse angewiesen. Nach dem Kauf von WhatsApp durch Facebook kommt noch eine weitere Frage dazu: Was passiert mit meinen Daten bei einem Kauf der Firma? Oder einer Insolvenz? Und darauf gibt es keine Antwort.

Weiterführende Literatur

Peter Welchering/Manfred Kloiber, Informantenschutz für Journalisten (Wiesbaden: Springer VS in Vorbereitung).

4.3 Das unsichtbare Internet

Selbst Google findet nicht alles. Das unsichtbare Internet (auch *Invisible Web, Hidden Web* oder *Deep Web* genannt) lässt sich von keiner Suchmaschine durchforsten. Das unsichtbare Netz besteht beispielsweise aus dem Intranet von Unternehmen, Behörden oder sonstigen Einrichtungen oder aus kommerziellen, passwortgeschützten Datenbanken (siehe unten im Unterkapitel Online-Datenbanken). Darunter fallen aber auch Inhalte, die nicht von Suchmaschinen indexiert werden oder die nicht indexiert werden wollen.

4.3 Das unsichtbare Internet

Mehr Daten als im öffentlichen Netz. Laut einer – allerdings umstrittenen – im „Journal of Electronic Publishing" im Jahr 2001 veröffentlichten Studie ist die Datenmenge des Deep Web etwa 400- bis 550-mal größer als die des sichtbaren Netzes. Allein 60 der größten Webseiten im Deep Web enthalten etwa 7500 Terabyte an Informationen, was die Menge des öffentlichen Netzes zum damaligen Zeitpunkt um den Faktor 40 überstiegen haben soll.

Laut der Studie haben Webseiten aus dem unsichtbaren Netz durchschnittlich 50 Prozent mehr Zugriffe pro Monat und seien öfter verlinkt als Webseiten aus dem sichtbaren Web. Das Deep Web sei auch die am schnellsten wachsende Kategorie von neuen Informationen im Web. Trotzdem sei der im Internet suchenden Öffentlichkeit das Deep Web kaum bekannt.

Fünf Typen des Deep Web (nach Chris Sherman/Gary Price (2001))

- Opaque Web (undurchsichtiges Web): Webseiten, die indexiert werden könnten, zurzeit aber aus Gründen der technischen Leistungsfähigkeit oder Aufwand-Nutzen-Relation nicht indexiert werden (Suchtiefe, Besuchsfrequenz).
- Private Web (privates Web): Webseiten, die indexiert werden könnten, aber aufgrund von Zugangsbeschränkungen des Webmasters nicht indexiert werden.
- Proprietary Web (Eigentümer-Web): Webseiten, die indexiert werden könnten, allerdings nur nach Anerkennung einer Nutzungsbedingung oder durch die Eingabe eines Passwortes zugänglich sind (kostenlos oder kostenpflichtig).
- Invisible Web (unsichtbares Web): Webseiten, die rein technisch gesehen indexiert werden könnten, jedoch aus kaufmännischen oder strategischen Gründen nicht indexiert werden – wie zum Beispiel Datenbanken mit einem Webformular.
- Truly invisible Web (tatsächlich unsichtbares Web): Webseiten, die aus technischen Gründen (noch) nicht indexiert werden können. Das können Datenbankformate sein, die vor dem WWW entstanden sind (einige Hosts), Dokumente, die nicht direkt im Browser angezeigt werden können, Nicht-Standardformate (zum Beispiel Flash) oder Dateiformate, die aufgrund ihrer Komplexität nicht erfasst werden können (Grafikformate). Dazu kommen komprimierte Daten oder Webseiten, die nur über eine Benutzernavigation, die Grafiken (Image Maps) oder Skripte (Frames) benutzen, zu bedienen sind.

Diese Auflistung zeigt, dass es sich durchaus lohnt, Weblinks zu folgen und immer tiefer ins Internet bzw. auf die Unterseiten einzutauchen, statt ausschließlich über Google oder eine andere Maschine zu suchen. Die Grenze für einen Journalisten ist allerdings dort, wo er mit illegalen Mitteln sich Zugang zu Daten verschaffen müsste, also eine Website hacken müsste.

Letztlich gibt es natürlich nicht einen Zugang ins Deep Web, also nicht eine Schleuse, ein Programm oder einen Browser, durch die man gehen muss, um alle Seiten dort zu finden. Die Datenbanken etc. sind komplett verteilt, so dass man je nach Thema suchen muss.

4.4 Social Media

Social Media erfüllen für Pressesprecher und Journalisten mehrere Funktionen: Auf der einen Seite sind sie ein Distributionskanal. Das heißt, Pressestellen können in ihrem Unternehmensblog (*Corporate Blog*) direkt an den Endverbraucher herantreten. Sie müssen nicht mehr die klassischen Medien nutzen, die ansonsten in ihrer Funktion als *Gatekeeper* entscheiden, über was sie überhaupt berichten.

Redakteure wiederum können ihre Informationen, die sie in den 1:30 Minuten des Fernsehbeitrags oder den 120 Zeilen für ihre Zeitung nicht unterbringen, in einem eigenen Weblog publizieren. Via Facebook oder Twitter weisen sie auf ihre Online-Veröffentlichungen mit einem Link hin. Das heißt, Social Media wird von Journalisten zum einen aus Marketingzwecken genutzt.

Auf der anderen Seite spielen Social Media für die Recherche eine zunehmend bedeutende Rolle. Wer soziale Netzwerke in seiner täglichen Arbeit ausblendet, verpasst für ihn entscheidende Neuigkeiten. Denn längst erhalten Redaktionen nicht mehr ausschließlich als Erstes Pressemitteilungen. Nationaltorhüter Manuel Neuer hatte zum Beispiel im April 2011 seinen Wechsel vom FC Schalke 04 zum FC Bayern München zuerst auf seiner eigenen Facebook-Seite bekannt gegeben. „BILD.de" hatte allein in der Art der Kommunikation schon einen Neuigkeitswert gesehen und getitelt: „Neuer gibt Wechsel bei Facebook bekannt".

Im selben Jahr hat sich Regierungssprecher Steffen Seibert den Zorn der Hauptstadtkorrespondenten zugezogen, da er seitdem über den offiziellen Account *RegSprecher* twittert. Statt eine Pressemitteilung herauszugeben oder auf der Bundespressekonferenz darüber zu informieren, hat er eine anstehende Auslandsreise von Bundeskanzlerin Angela Merkel zuerst über Twitter bekannt gegeben. Hauptstadtjournalisten wetterten deshalb, ob sie sich jetzt auch bei Twitter anmelden müssten, um die offiziellen Neuigkeiten der Bundesregierung zu erfahren. Und sie ernteten

4.4 Social Media

Spott ob ihres Unwissens, schließlich muss man sich nicht registrieren, um Tweets lesen zu können.

Social Media sind nicht mehr wegzudenken – dieses Fazit lässt sich allein durch diese beiden Beispiele zeigen. Vom Arabischen Frühling bis hin zu Unfallmeldungen im Lokaljournalismus sind soziale Netze oft schneller und authentischer als Nachrichtenagenturen. Allerdings erscheint die Vielzahl an Kanälen wie Facebook, Twitter, Google+, Pinterest & Co. auf den ersten Blick so unübersichtlich, dass man sich eine Strategie zurechtlegen muss, wie man diese Kanäle überhaupt sinnvoll nutzen kann. Ansonsten droht man bei der Vielzahl der Dienste und Einträge (*Postings, Posts*) abzusaufen.

Welche Social-Media-Kanäle können zur Recherche genutzt werden?

- Weblogs
  - Corporate Blogs
  - Expertenblogs
  - Linkblogs
  - Politikblogs
  - Reiseblogs
  - Sportblogs
  - Videoblogs (Vlog)
  - Wahlblogs
  - Warblogs
  - Wissenschaftsblogs
- Microblogs (zum Beispiel Twitter)
- soziale Netzwerke (zum Beispiel Facebook)
- Wikis (zum Beispiel Wikipedia, regionale Wikis, themenspezifische Wikis)
- Social Sharing
  - Social Bookmarking
  - Produktbewertungen
  - Social Search
- Messaging-Dienste (zum Beispiel WhatsApp)
- Video-Plattformen (zum Beispiel YouTube oder Vimeo)

▶ **Tipp** Die passenden Social-Media-Kanäle für seine Recherche findet man unter www.socialmediaplanner.de.

Es gibt drei Gründe, warum man Social-Media-Kanäle zur Recherche nutzt: Interessiert meine gewählte Geschichte überhaupt die Leser bzw. Zuschauer? Wie finde ich zu meinem Thema weitere Informationen bzw. Ansprechpartner? Und wie stoße ich überhaupt auf ganz neue, spannende Themen?

1. Relevanz von Themen testen: Harald Baumer, Berlin-Korrespondent der „Nürnberger Nachrichten", hat eine regelmäßige Kolumne im Sonntagsableger seiner Zeitung. Gerne postet er Anfang der Woche Themenideen auf Facebook und schaut, ob diese kommentiert, geteilt oder mit einem „Gefällt mir" versehen werden. Erhält er auf seinen Eintrag keine oder nur wenig Resonanz, mag das Thema für seine Leser im Verbreitungsgebiet seiner Zeitung womöglich weniger interessant sein. Die Kommentare können ihn auf weitere Ideen für seine Kolumne bringen.

Natürlich kann man nicht einzig und allein auf die Likes schauen und danach entscheiden, über welche Themen man berichtet. Womöglich ist das Posting an einem bestimmten Zeitpunkt nur auf den Pinnwänden der Facebook-User untergegangen und der Facebook-Algorithmus hat es bei weniger Freunden angezeigt. Auch muss der eigene Freundeskreis auf Facebook nicht zwangsläufig mit der Leserschaft übereinstimmen. Beim konkreten Beispiel: Wenn Harald Baumer besonders viele Politiker als Freunde hat, finden diese womöglich andere Themen interessanter als seine Leser in Franken. Trotzdem kann er durch das Testen seiner Themen einen groben Eindruck gewinnen, wie der journalistische Beitrag später bei seinen Lesern ankommen wird.

Ähnlich können selbstverständlich auch Unternehmen oder Politiker Themen im Social Web ausprobieren. Allerdings sollte man beachten: Es geht darum, *die Relevanz* bei der Zielgruppe zu testen und nicht darum zu schauen, wie *eine These* bei den Usern bewertet wird. Denn auch ein auf den ersten Blick unscheinbarer Post kann, wenn er eine schräge, peinliche oder politisch inkorrekte Aussage beinhaltet, einen ungewünschten viralen Effekt auslösen und sich schnell weiterverbreiten.

„Fliege nach Afrika. Hoffentlich bekomme ich kein Aids. Mache nur Spaß. Bin weiß." Dies hat eine New Yorker PR-Managerin vor ihrem Abflug nach Afrika getwittert. Der Tweet wurde innerhalb des Kurznachrichtendienstes Tausende Male weiterverbreitet und löste weltweit einen Sturm der Entrüstung aus. „Ungeschickt", „rassistisch", „dumm", „schmutzig" und „verachtenswert" lauteten die Kommentare. Wegen dieser öffentlichen Kurznachricht mit rassistischem Unterton ist die PR-Managerin schließlich innerhalb von Stunden gefeuert worden.

2. Themen weiter recherchieren (Erweiterung): Das Thema ist durch eine Pressekonferenz, eine Pressemitteilung oder eine Veranstaltung vorgegeben. Dem Journalisten ist der Inhalt aber zu spröde, zu langwierig, nicht berichtenswert ge-

4.4 Social Media 79

Abb. 4.1 *Links* das alte Logo der Uni Erlangen, in der *Mitte* das neu gestaltete und *rechts* das Logo des IT-Unternehmens IBM (Zusammenstellung Markus Kaiser)

nug. Er kann hier Social-Media-Kanäle nutzen, um zu sehen, wie User dieses Ereignis bewerten, über welche Teilaspekte sie besonders intensiv diskutieren und wo er womöglich noch nachrecherchieren muss. Pressestellen erkennen durch diese Recherche sehr schnell, wie ihre Mitteilung beim Bürger, beim Verbraucher oder beim Wähler ankommt und können gegebenenfalls nachsteuern.

Beispiel Uni-Logo: Die Friedrich-Alexander-Universität Erlangen-Nürnberg hat im April 2011 ihr neues Logo auf einer Pressekonferenz vorgestellt (Abb. 4.1). Die Hochschule hat erklärt, welche Agentur dies entworfen hat, welche Farben welche Fakultät erhält und wo künftig überall das neue Logo eingefügt werden soll. Eine für Journalisten relativ unspannende Veranstaltung. Die lokale Tageszeitung druckte am nächsten Tag die Aussagen des Uni-Präsidenten – während im Social Web längst eine heftige Diskussion entbrannt war, ob es sich bei dem neuen Logo um ein Plagiat des Logos des IT-Unternehmens IBM handele.

Die Lokalzeitung hat es verpasst, nah am Leser dran zu sein und den Aspekt des Gesamtthemas aufzugreifen, worüber er diskutiert. Ohne journalistische Beteiligung sorgte das neue Logo für Wochen für Gesprächsstoff im Internet: Auf Facebook wurde eine Gruppe gegründet, die sich für die Beibehaltung des alten Uni-Siegels einsetzte. In dieser Gruppe wurden aus Spaß andere Logos plagiiert: „FAU – näher am Menschen" (das verfremdete CSU-Logo), „1. FAU" (statt des Logos des 1. FC Nürnberg) und viele weitere kreative Motive erschufen die Studierenden.

Der Vorwurf von Journalisten, was interessiert uns das Geschwätz in sozialen Netzwerken und warum sollen wir das in unserem seriösen Medium nachplappern, geht ins Leere. Es geht nicht darum, nur die Posts der Studierenden zu zitieren, sondern sich des Themas anzunehmen und klassisch zu recherchieren: Ein Journalist kann bei einem Anwalt für Markenrecht anrufen und nachfragen, ob es sich um ein Plagiat handele. Er kann auch bei dem IT-Unternehmen anrufen und nachfragen, ob dieses die Uni verklagen will – oder ob es unter „Logo-Freunden" ein gratis Paket an Software sponsert.

Mit Antworten auf diese Fragen würde der recherchierende Journalist bei seinem Publikum ins Schwarze treffen. Deshalb lohnt sich bei fast jedem Thema ein Blick ins Social Web, ob und wie dieses Thema dort diskutiert wird.

Weitere Gesprächspartner lassen sich über soziale Netzwerke ebenfalls sehr gut finden. Die eine Methode: Man stöbert in den Gruppen und schaut sich die Profile der Mitglieder (sofern sie öffentlich zugänglich sind) genauer an. Die zweite Möglichkeit: Man postet, für welche Reportage man noch einen Protagonisten oder welches Feature man noch weitere Gesprächspartner sucht, und nutzt die eigenen Facebook-Freunde, um über deren Kontakte Ansprechpartner zu finden. Schließlich ist das Social Web ja ein Netzwerk, über das man über nur wenige Ecken Kontakt zu allen möglichen Menschen erhält.

3. **Neue Themen finden:** Das Social Web stößt einen auf Themen, Trends und Phänomene, die man vorher noch gar nicht kannte. Wer beim Klick durch das Netz offen ist, erhält fast immer neue Anregungen. Es kann sich dabei um aktuelle Nachrichten handeln (wie der oben erwähnte Wechsel von Manuel Neuer zum FC Bayern München), aber eben auch virale Kampagnen wie der IceBucketChallenge im Sommer 2014, als sich auf der ganzen Welt Promis und weniger Bekannte einen Eiskübel über den Kopf gekippt und das Video auf Facebook hochgeladen haben, können zu einem journalistischen Beitrag führen.

Wie erhalte ich die für mich relevanten Informationen? Zunächst geht es darum, sich zu entscheiden, welche Social-Media-Kanäle man selbst nutzt. Facebook ist Stand Januar 2015 das größte soziale Netzwerk, in dem sich alle Bevölkerungsschichten und Altersklassen aufhalten. Um einen Account wird man dort als Journalist nicht herumkommen. Neben den Katzenbildern und Nonsens-Statusmeldungen wird man als Journalist immer wieder die eine oder andere verwertbare Perle finden. Wenn man selbst etwas postet, lässt sich einstellen, wer dies sehen kann. Dadurch lässt sich eine private von einer beruflichen Nutzung mit demselben Facebook-Zugang abgrenzen. Laut Facebook-Richtlinie darf eine Person auch nur ein Profil haben. So genannte Fanpages, von denen man als Institution oder Unternehmen mehrere anlegen kann, haben jedoch den Nachteil, dass man mit anderen Usern nicht von sich aus in Kontakt treten kann. Außerdem bevorzugen es User, mit Menschen statt mit Institutionen zu kommunizieren.

Twitter ist beliebt unter Journalisten, Politikern und Pressesprechern. Nutzt die jeweils andere Seite in der Branche den Kurznachrichtendienst, muss man selbst auch auf diesen Zug aufspringen, um (siehe das Beispiel mit Steffen Seibert und den Hauptstadtkorrespondenten) keine wichtige Meldung zu verpassen. Bei Twitter lassen sich bequem Listen anlegen, so dass man die Meldungen sortiert nach Bereichen oder Personengruppen abrufen kann. Manche Journalisten oder Pressereferenten haben den ganzen Tag auf ihrem Bildschirm das Fenster mit Twitter

4.4 Social Media

genauso geöffnet wie daneben das Fenster mit den Nachrichtenagenturen wie Reuters, der Deutschen Presse-Agentur (dpa) oder dem Sport-Informationsdienst (sid). Berlin-Korrespondent Harald Baumer schätzt Twitter vor allem deshalb, weil er dadurch einen Eindruck über das „Grundrauschen" erhalte: „Hier spielt die einzelne Meldung keine Rolle, sondern unser Augenmerk gilt der Gesamtheit der Nachrichten einer bestimmten Gruppe."[2] Man erkennt also, wie innerhalb der CDU/CSU die Stimmung über den Koalitionspartner SPD ist, worüber sich die Grünen aufregen und warum die Fans vom VfB Stuttgart auf ihren Fußballtrainer wütend sind. „Ein, zwei Blicke auf eine solche Liste reichen aus, um zu zeigen, worüber diese besonders markierte Gruppe im Moment diskutiert, wie sie tickt", erklärt Harald Baumer. „Das ist häufig ziemlich banal, kann sich aber in kritischen Momenten (Krise der FDP, Gebietsreform in Rheinland-Pfalz) aus journalistischer Sicht besonders lohnen."[3]

Entscheidend bei Twitter ist, wem man als Öffentlichkeitsarbeiter oder als Journalist folgt. Und bei Facebook ist wichtig, mit wem man sich befreundet. Im Wortsinn dürfte es oft nicht so gemeint sein, dass man bei einer Fanpage der Konkurrenz auf „Gefällt mir" klickt. Aber zu beobachten, was die anderen machen, gehört zum Geschäft.

Auch das Wort „Freund" müsste man bei Facebook eher durch „Geschäftspartner" ersetzen. Denn genau darum geht es in den sozialen Netzwerken: Auf der einen Seite sich mit relevanten Gesprächspartnern zu vernetzen (*b2b = business to business*), auf der anderen Seite aber auch den Endverbraucher, Leser, Hörer oder Zuschauer nicht zu vernachlässigen (*b2c = business to consumer*). Wer also beispielsweise über Tennis berichtet, sollte mit allen Topspielern auch via Social Media vernetzt sein.

Manchmal ist man aber auch auf Zufallstreffer angewiesen: Das berühmteste Beispiel ist die Notlandung des US-Airways-Flugs 1549 im Januar 2009 auf dem Hudson River. Als Erstes ging ein Bild via Twitter um die Welt, wodurch diesem Microblog in den USA der Durchbruch gelang (Abb. 4.2).

Auf Veranstaltungen wird Twitter ebenfalls häufig genutzt. Hier interessiert einen dann nicht nur, was diejenigen zwitschern, denen man folgt. Vielmehr ist man interessiert an allen Tweets, die es dazu gibt. Als Veranstalter gibt man daher gerne einen so genannten Hashtag vor: Dieser setzt sich zusammen aus dem #-Zeichen und direkt anschließend einer Abkürzung für die Veranstaltung. Auf der

---

[2] Harald Baumer, Social Media, in: Markus Kaiser, Innovation in den Medien: Crossmedia, Storywelten, Change Management (München: Verlag Dr. Gabriele Hooffacker, 2013): S. 72.
[3] Harald Baumer, Social Media, in: Markus Kaiser, Innovation in den Medien: Crossmedia, Storywelten, Change Management (München: Verlag Dr. Gabriele Hooffacker, 2013): S. 73.

Abb. 4.2 Das Bild von der Notlandung auf dem Hudson River wurde zuerst via Twitter verschickt. Erst später berichteten auch die Nachrichtenagenturen (Twitter)

Konferenz über Blogs, soziale Medien und die digitale Gesellschaft re:publica lautete dieser im Jahr 2014 zum Beispiel #rp14. Damit alle unter demselben Hashtag twittern, empfiehlt es sich, als Veranstalter einen festzulegen und öffentlich bekannt zu geben. Neben Fachdiskussionen erhält man als Organisator durch diese Tweets häufig auch ein Feedback, wie gelungen das Event war.

Für Rechercheteams eignet sich WhatsApp. Über diese App lassen sich am Smartphone schnell Nachrichten, aber auch Bilder und Videoclips kostenfrei versenden. Wenn bei einem Großereignis mehrere Kollegen berichten, lassen sich dadurch Eindrücke schnell austauschen und Informationen oder Zitate weitergeben.

4.4 Social Media

Ein Tipp am Rande: Während Spitzenpolitiker telefonisch oder per E-Mail nur schwer erreichbar sind, betreiben sie häufig ihren Facebook- oder Twitter-Account noch persönlich. Wer also für ein persönliches Statement oder ein kurzes Interview über den Umweg der Pressestelle abgewimmelt wird, kann den Weg einer internen und nicht-öffentlichen Facebook- oder Twitter-Nachricht versuchen zu gehen.

Social-Media-Monitoring: Bislang ist es vor allem darum gegangen, als Nutzer von Social-Media-Kanälen manuell und durch Einzelkontakte Informationen zu erhalten oder Gesprächspartner zu finden. Durch *Screening* wird über verschiedene Technologien das gesamte Netz durchsucht, durch *Monitoring* kann man definierte Quellen kontinuierlich nach relevanten Beiträgen beobachten.

Unterschieden wird beim Monitoring in ein manuelles oder automatisiertes Monitoring: Wer sich für Ersteres entscheidet, muss aufwändig die Suchmaschinen jeweils selbst nutzen und die Ergebnisse archivieren. Wer sich für automatisiertes Monitoring entscheidet, erhält zuverlässiger und einfacher die Ergebnisse. Dadurch eignet sich Social-Media-Monitoring deutlich besser als Frühwarnsystem oder zur Marktforschung. Letztlich lässt sich im Social Web fast alles auswerten; nicht-öffentliche Postings sind allerdings höchstens anonymisiert nutzbar.

Beim Monitoring kann man nach Schlagwörtern (Keywords) genauso suchen wie nach bestimmten Kontexten oder Meinungsführern. Man kann dies in Echtzeit genauso machen wie mit einer monatlichen Auswertung. Dadurch findet man zum Beispiel heraus, wo die Kunden über das eigene Unternehmen, Produkt oder den Service diskutieren, wie sich der Gesprächsanteil über die verschiedenen Plattformen verteilt und welche und wie stark aktive Social-Media-Gruppen es zur eigenen Marke oder zum Produkt zum Beispiel auf Facebook gibt. Dadurch kann man natürlich auch entscheiden, auf welche Plattform man seinen eigenen Schwerpunkt legt.

Für das Monitoring gibt es eine Reihe kostenfreier Online-Tools. Wer aufwändige und differenzierte Fragestellungen beantwortet haben möchte, kann sich allerdings auch an Agenturen wenden, die sich auf Social-Media-Monitoring spezialisiert haben. Je nach Fragestellung sind den Kosten nach oben keine Grenzen gesetzt.

▶ **Kostenfreie Social-Media-Monitoring-Tools**

- Clipping, Benchmark, Trends
    - https://www.google.de/alerts
    - http://socialmention.com
    - http://www.icerocket.com

- Twitter
  - http://twitalyzer.com
  - http://friendorfollow.com
  - https://klout.com
- Blogs
  - http://www.twingly.com
- Foren
  - http://boardreader.com
- Facebook
  - https://www.facebook.com/insights
  - https://www.quintly.com
  - https://klout.com

Weiterführende Literatur

Anja Ebersbach/Markus Glaser/Richard Heigl, Social Web (Konstanz: UVK, 2011).

Markus Kaiser (Hrsg.), Innovation in den Medien: Crossmedia, Storywelten, Change Management (München: Verlag Dr. Gabriele Hooffacker, 2013).

Stefan Primbs, Social Media für Journalisten (Wiesbaden: Springer VS, 2015).

4.5 Newsletter

Um sich über eine Institution auf dem Laufenden zu halten, sollte man – sofern vorhanden – den Newsletter der Einrichtung abonnieren. Newsletter sind ein regelmäßiger Informationsdienst, der knappe und kurz gefasste Nachrichten enthält. Manche Verbände versenden zu einem bestimmten Stichtag jeweils ihre Neuigkeiten per E-Mail: Der Deutsche Journalisten-Verband verschickt seinen beispielsweise jeweils freitags. Andere wählen eine monatliche Erscheinungsweise. Wieder andere verschicken ihren Newsletter je nach Bedarf.

Meist kann man sich direkt auf der Website für einen Newsletter anmelden. Nicht bei allen Einrichtungen kann sich jeder eintragen; bei manchen Vereinen gibt es beispielsweise Newsletter speziell nur für Mitglieder und Partner. Hier kann man dann in der Geschäftsstelle oder Pressestelle nachfragen, ob man in den Verteiler aufgenommen werden kann. In der Regel sind Newsletter mit keinen Kosten für den Abonnenten verbunden. Es gibt aber auch Anbieter (vor allem bei Fachdiensten, deren Geschäftsmodell aus dem Versand von Newslettern besteht) mit kostenpflichtigen Informationsdiensten.

Manche Einrichtungen haben für verschiedene Zielgruppen verschiedene Newsletter: Universitäten zum Beispiel für Studierende, Verwaltungsmitarbeiter und Professoren oder Alumni. Man sollte selbst testen, welchen Nutzen man von welchem Newsletter hat. Aktueller sind meist Pressemitteilungen, wenn man bei der Einrichtung ohnehin dort im Verteiler mit vertreten ist. Allerdings erhält man womöglich im Studierenden-Newsletter auch Meldungen, die man der Presse gegenüber nicht aktiv kommunizieren will.

Weiterführender Weblink

http://newsletter-verzeichnis.de

4.6 Foren, Mailinglisten & Newsgroups

Putzen, Bügeln, Kochen, Autowaschen – in Foren findet man alltägliche Sorgen und Probleme diskutiert. Einträge wie diese bei www.frag-mutti.de, einem der bekanntesten Foren im deutschsprachigen Netz, sind dort üblich:

> Mein Freund hat an einer (von ihm) frisch gestrichenen wand eine fliege getötet und den fleck mit einem (leider nicht sauberen schwamm) gereinigt! Jetzt ist ein fleck an der wand und leider keine ersatzfarbe mehr da. was kann ich machen???

Nun sind die User dran, um sich im Forum (aus dem Lateinischen übersetzt: Marktplatz) auszutauschen. In Foren wird asynchron, also zeitversetzt, kommuniziert (anders sieht dies in Live-Chats aus). Ohne Unterstützung einer Redaktion raten sie:

> Sorry, ich musste erst mal zu Ende lachen ... Mein Mann hat nämlich als Student mal eine Scheibe eingeschlagen bei dem Versuch, eine Fliege zu erwischen; das fiel mir dazu ein.
> Nochmal mit einem sauberen Schwamm nachputzen? Wenn die Wand weiß ist, würde ich mal vorsichtig mit einem Schmutzradierer drangehen, könnte auch helfen.
> Wenn die Wand weiß ist, gehts noch einfacher mit Deckweiß aus dem Malkasten.

Das Beispiel von frag-mutti.de zeigt, dass sich zwar nicht jedes Forum und jeder Beitrag journalistisch nutzen lässt. Insbesondere für Ratgeberseiten kann man jedoch einen Eindruck erhalten, welche Themen besonders stark diskutiert werden. Wie im Unterkapitel über Social Media beschrieben, kann dies ein Indiz für die Relevanz eines Themas sein.

Fachforen: Allgemeine Foren wie frag-mutti.de sind in der Regel weniger nützlich. In Fachforen (zu Hardware, Computerspielen oder Autos, medizinischen, technischen oder juristischen Themen) werden Journalisten häufiger fündig. Hier beteiligen sich wie mit Weblogs durchaus auch Fachleute an den Diskussionen. Hochschulen richten manchmal auch zu Forschungsprojekten eigene Fachforen ein.

Selbst im sportlichen Bereich lohnt sich ein Blick zum Beispiel in das Forum auf www.transfermarkt.de, um Gerüchte über mögliche Trainerwechsel aufzuschnappen. Öffentlichkeitsarbeiter eines Unternehmens sollten Foren ohnehin permanent auf dem Schirm haben, ob dort (oder auch in Bewertungsportalen) über sie gesprochen wird (*Monitoring*).

Natürlich muss einem bewusst sein, dass es sich in Foren um so genannten *User generated content* handelt, also die User selbst und ungeprüft die Beiträge einstellen. Wer also auf transfermarkt.de ein Gerücht erfährt, darf dies nicht ungeprüft selbst publizieren (siehe *Zwei-Quellen-Prinzip*). Hier unterscheidet sich der professionelle Journalist vom privaten Blogger. Er kann der Sache allerdings nachgehen. Genauso wie sich die Meldung als falsch herausstellen kann, kann der Journalist damit auch einen Volltreffer landen.

Mailinglisten bieten einer geschlossenen Gruppe von Usern die Möglichkeit zum Nachrichtenaustausch, der innerhalb dieser Gruppe öffentlich ist. Besonders häufig sind Mailinglisten per E-Mail. In der Regel muss sich ein Benutzer bei einer Mailingliste anmelden, um die dort verbreiteten Nachrichten zu erhalten oder um selbst Nachrichten an die Teilnehmer der Liste schicken zu dürfen. Im Gegensatz zu E-Mail-Verteilern gibt es bei Mailinglisten ein eigenes Mail-Postfach, in dem alle über die Mailingliste verschickten Nachrichten gespeichert werden. Mailinglisten sind historisch die Urform von Newsgroups und Internetforen und vor allem dank Social Media ziemlich aus der Mode gekommen, für bestimmte Zwecke aber auch heute noch das Mittel der Wahl.

Newsgroups sind virtuelle Internetforen, in denen zu einem bestimmten Thema Nachrichten, Artikel oder Postings ausgetauscht werden. Veröffentlicht ein Benutzer einen Artikel in einer Newsgroup, so wird dieser an einen Newsserver gesendet, der diesen dann wiederum seinen Benutzern zur Verfügung stellen kann. Bei Foren und Newsgroups wird jeweils zwischen moderierten und unmoderierten unterschieden.

4.7 Online-Datenbanken

Eine Datenbank über Tierversuche, über Leichtathletik oder den Bücherbestand der Universitätsbibliothek Regensburg – es gibt nicht nur die kostenpflichtigen Datenbanken im Netz, sondern auch frei zugängliche. Wie bei klassischen In-

4.7 Online-Datenbanken

ternetseiten gilt auch hier: Die Informationen müssen immer überprüft werden. Datenbanken entpuppen sich aber in der Regel als wahrer Fundus an Recherchematerial.

Die Ergebnisse tauchen in der Suchmaschine meist nicht auf (siehe das Unterkapitel zum unsichtbaren Internet). Denn all die Zahlen und Fakten, die sich in einer Datenbank verstecken, sind nicht als klassische, fertige Website gespeichert. Erst in dem Augenblick, in dem man eine Abfrage erstellt, wird das Ergebnis dynamisch generiert. Es entstehen also bei jeder Abfrage individuell sichtbare Ergebnisse, die für sich einzigartig sein können.

Eine Online-Datenbank bietet mehr als ein Karteikasten. Typische Datenbank-Informationen sind in Datenfelder und Datensätze strukturierte Adressen, Buchangaben, statistische Informationen etwa zur Bevölkerungsentwicklung oder zum Arbeitsmarkt, Kunden- oder Lieferantendatenbanken.

Das Statistische Bundesamt in Wiesbaden bietet unter www.destatis.de umfangreiches Statistikmaterial. Man wird fündig zur Zahl der Unternehmen, der Gewerbeanmeldungen und Insolvenzen. Die Zahl der Betten in Krankenhäusern wird genauso aufgelistet wie die Gesundheitsausgaben insgesamt und die häufigsten Todesursachen. Man findet den durchschnittlichen täglichen Wasserverbrauch pro Kopf und die Menge an Haushaltsabfällen.

Unter www.statistik-portal.de findet sich ein gemeinsames Angebot der Statistischen Ämter der Bundesländer und des Bundes. Von dort aus gelangt man auch zum Gemeindeverzeichnis, in dem man bundesweit Daten über die Einwohnerzahl, Fläche und den Landkreis erhält.

Die Europäische Kommission bietet mit Eurostat frei zugängliche Statistiken an (http://epp.eurostat.ec.europa.eu). Hier findet man Daten zur Inflationsrate, zum Bruttoinlandsprodukt, aber auch zur Fischerei und Fortwirtschaft, zu Streiks, Tourismus und Wechselkursen.

Folgende Arten von Datenbanken lassen sich unterscheiden

- Referenz-Datenbanken (zum Beispiel klassische Bibliothekskataloge, sogenannte OPACs)
- numerische Datenbanken (zum Beispiel Zahlen zur Bevölkerungsentwicklung)
- Volltext-Datenbanken (zum Beispiel Zeitschriftenbeiträge)

Moderne Bibliothekskataloge verbinden alle drei Arten.

Steht eine Datenbank zur Abfrage über das Internet zur Verfügung, spricht man von einer Online-Datenbank. Die allermeisten Vertreter dieser Spezies sind Referenz-Datenbanken: Ihre Einträge verweisen auf etwas außerhalb der Datenbank, zum Beispiel auf Bücher (bei Bibliothekskatalogen) oder auf Menschen (Adressdatenbanken). In mehreren Bibliotheken gleichzeitig recherchiert der „Virtuelle Katalog" des Karlsruher Instituts für Technologie (www.ubka.uni-karlsruhe.de/kvk.html).

Numerische Datenbanken enthalten Zahlen. Daraus kann man relativ schnell Reihen bilden, verschiedene Tabellen zusammenstellen und daraus graphische Darstellungen etwa in Form eines Torten- oder Säulendiagramms errechnen lassen. Welche Tools es hier speziell für Journalisten gibt, wird im nächsten Unterkapitel „Datenjournalismus und Big Data" erläutert.

Hinter Volltext-Datenbanken stehen größere Textmengen, zum Beispiel Archive von Tageszeitungen oder wissenschaftliche Zeitschriften. Der Verlag Springer VS bietet seine Bibliothek unter dem Label „Springer for Professionals" beispielsweise digital an (www.springerprofessional.de). Allerdings sind dafür wie für die meisten dieser Datenbanken Gebühren zu entrichten.

Wer bei den Zeitungsarchiven einfach nur ein Stichwort eingibt, kann bei der Vielzahl der Treffer ähnlich wie bei den Suchmaschinen verzweifeln. Wer nach „VfB Stuttgart" sucht, erhält bei der Vollzeitsuche alle Vorberichte, alle Spielberichte, die Beiträge zu den Jahreshauptversammlungen und dem Trainerwechsel. Auch hier gelten die Boole'schen Operatoren wie OR, AND und AND NOT. Außerdem lassen sich häufig Zeiträume eingrenzen. Manche Archive bieten die Funktion „Nach letzter Änderung" (also der aktuellste Artikel kommt zuerst) und „Nach Relevanz" (hier taucht der Suchbegriff besonders häufig auf) auszuwählen. Andere wiederum (wie „Spiegel online") bieten die Möglichkeit einer Suche in „Überschrift und Vorspann", „Volltext" oder „Autor".

Wörterbücher und Lexika zählen ebenfalls zu Datenbanken. Wer Übersetzungen zum Beispiel auf Englisch, Spanisch, Italienisch oder Chinesisch sucht, kann leo.org nutzen. Bei der Leo GmbH handelt es sich um eine Ausgründung aus der Technischen Universität München.

4.8 Datenjournalismus und Big Data

Seit dem Spätsommer 2011 hat sueddeutsche.de der Deutschen Bahn besonders auf die Finger geschaut. Es war eines der bis dato größten datenjournalistischen Projekte in Deutschland: der Zugmonitor. Die Original-Daten der Deutschen Bahn wurden angezapft und in einer riesigen Datenbank ausgewertet: Auf welcher Strecke haben die Züge Verspätung? Welche Wochentage sind besonders anfällig? Was sind die häufigsten Gründe für Verspätungen? Alles Daten, die über eine offene Schnittstelle der Bahn in der Online-Redaktion der „Süddeutschen Zeitung" gelandet sind. Dieses Prestigeprojekt hat sich sueddeutsche.de viel Geld kosten lassen.

Data-driven journalism wird Datenjournalismus in angelsächsischen Ländern genannt, also von Daten angetriebener Journalismus. Es geht nicht mehr nur darum, Interviews zu führen und Unterlagen zu sichten. Journalisten nutzen offene Schnittstellen, um an riesige Zahlenkolonnen zu kommen, die sie dann online aufbereiten und dem User zur Verfügung stellen. Häufig handelt es sich dabei um interaktive Grafiken, schließlich möchten User im Netz nicht nur konsumieren, sondern sich gerne selbst durchklicken – und genau das anschauen, was sie interessiert. So gab es im Zugmonitor beispielsweise die Option, sich nur die Verbindungen für den ICE anzuschauen oder für alle.

Datenjournalismus ist keine Erfindung des 21. Jahrhunderts. Bereits im Jahr 1821 hat der britische „Guardian" eine Tabelle veröffentlicht, in der die Kosten pro Schüler an den Schulen von Manchester dokumentiert wurden.[4] Das Besondere sind die großen Datenmengen und die Möglichkeit, auf der Website die Ergebnisse in interaktiven Grafiken darzustellen. Lorenz Matzat, einer der Vorreiter des Datenjournalismus in Deutschland, sieht im Datenjournalismus nicht nur eine Recherchequelle. Dieser mache vielmehr die Daten zum zentralen Gegenstand der Geschichte und deren Präsentation.[5]

Zahlen, Zahlen, Zahlen: Datensätze stehen deshalb im Mittelpunkt der Recherche. Es geht um offene Schnittstellen (wie beim Zugmonitor), aber auch um Excel-Tabellen und sonstige Datenbanken, die frei zugänglich sind und womöglich auch von einer Behörde per E-Mail übermittelt werden können. Auch eine Auflistung, in welchem Wahlbezirk welche Partei bei der Kommunalwahl wie abgeschnitten hat, ist Datenjournalismus.

Der zweite Schritt ist die Präsentation. Während die „Süddeutsche Zeitung" noch aufwändig den Zugmonitor programmieren hat lassen, gibt es für kleinere Projekte einfachere Lösungen: Neben dem Office-Paket von Microsoft oder analogen Open-Office-Programmen vor allem den DataWrapper (https://datawrapper.de).

Der DataWrapper ist ein Open-Source Werkzeug des Bildungswerks der deutschen Zeitungen (ABZV), das dabei hilft, innerhalb von Minuten einfache Diagramme mit einem eingebetteten Code zu erstellen. Zunächst bereitet man die Daten auf, ehe man sie auf das Online-Tool hochlädt. Nun entscheidet man, wie

---

[4] Vgl. Markus Kaiser, Innovation in den Medien: Crossmedia, Storywelten, Change Management (München: Verlag Dr. Gabriele Hooffacker, 2013): S. 82.
[5] Vgl. Markus Kaiser, Innovation in den Medien: Crossmedia, Storywelten, Change Management (München: Verlag Dr. Gabriele Hooffacker, 2013): S. 83.

die Daten grafisch dargestellt werden sollen. Wenn alles passt, erhält man einen Code für die eigene Website, mit dem die Grafik dann eingebunden werden kann. Insbesondere auch für kleinere Lokalredaktionen ist der DataWrapper geeignet, da sich der Aufwand für eine Grafik in Grenzen hält.

Die Visualisierung von Daten für die eigene Website ist nur eine Form, wie man Datenjournalismus nutzen kann. Man kann für die eigene Recherche auch die Projekte der Konkurrenzmedien oder Datenprojekte von PR-Abteilungen nutzen. Es ist schließlich auch für eine Regionalzeitung nicht verboten, bei der Deutschen Bahn nachzuhaken, warum ausgerechnet im Ruhrgebiet die Züge eine eklatante Verspätung haben, wenn man dies im Zugmonitor der „Süddeutschen Zeitung" gefunden hat.

Ein weiteres großes Datenjournalismus-Projekt von sueddeutsche.de ist ein „Europa-Atlas". Dargestellt auf einer Europakarte kann man als User nach Ländern und Regionen sortiert sich Daten zum Verkehr, der Wirtschaftskraft, dem Tourismus und der Landwirtschaft anschauen. Der „Europa-Atlas" ist ein relativ komplexes Projekt, da auch der Blick in vergangene Jahre möglich ist.

Diese crossmediale Recherche hat die überregionale Zeitung schließlich selbst auf sich genommen. Während der „Europa-Atlas" auf der eigenen Website einen Wert an sich darstellt, hat Chefredakteur Stefan Plöchinger die Daten mit seinem Team ausgewertet und beispielsweise ein Reporterteam in den ärmsten Ort Europas entsendet. Vor Ort sollten sie klassisch für eine Reportage recherchieren, wie die Menschen dort leben.

Eine optimale Verbindung von klassischer und digitaler Recherche. So lässt sich auch das Thema crossmedial in Print und Online spielen; beide Medien werden über ein datenjournalistisches Projekt miteinander verknüpft.

Letztlich kann bei Datenjournalismus-Projekten zwischen zwei Formen unterschieden werden: Entweder sind die Daten statisch, das heißt einmal erhoben für die Grafik, oder sie ändern sich – wie beim Zugmonitor – permanent. Man greift also auf ständig aktualisierte Daten zu und stellt diese in der Grafik dar.

Übersichten über Datenjournalismus-Projekte gibt es bei den größeren Medienhäusern auf der jeweiligen Website. Weil es sich hierbei immer noch um neue Prestige-Projekte handelt, werden diese oftmals herausgehoben für den User präsentiert. Neben der „Süddeutschen Zeitung" hat sich beispielsweise auch die Wochenzeitung „Die Zeit" einen Namen gemacht, aber auch beim öffentlich-rechtlichen Rundfunk gibt es Vorzeigeprojekte.

Der Begriff Big Data fällt in diesem Zusammenhang auch häufig. Dieser bezeichnet Datenmengen, die zu groß oder zu komplex sind oder sich zu schnell ändern, um sie mit manuellen und klassischen Methoden der Datenverarbeitung auszuwerten. Big Data spielt nicht nur im Journalismus eine Rolle, sondern auch in der Wissenschaft, Wirtschaft und Verwaltung. Die gesammelten Daten können aus allen möglichen Quellen stammen: Angefangen bei jeglicher elektronischer Kommunikation über von Behörden und Unternehmen gesammelte Daten bis hin zu den Aufzeichnungen verschiedenster Überwachungssysteme.

Big Data können also auch aus Bereichen kommen, die bisher als privat galten. Der Wunsch der Industrie und bestimmter Behörden, möglichst umfassenden Zugriff auf diese Daten zu erhalten, sie besser analysieren zu können und die gewonnenen Erkenntnisse zu nutzen, gerät dabei zunehmend in Konflikt mit Persönlichkeitsrechten des Einzelnen. Häufig können die Daten daher lediglich anonymisiert genutzt werden.

Ein Beispiel: Während Google keine Informationen herausgeben darf, was eine konkrete Person gesucht hat, erstellt es mit Google Trends eine Liste über die Häufigkeit bestimmter Suchanfragen. Noch wird die Debatte geführt, welche und wie verschlüsselt man Daten herausgeben darf, damit man diese nicht auf einzelne Personen, Unternehmen oder eine Gemeinde zurückführen kann.

Weiterführender Weblink
www.datenjournalist.de

Weiterführende Literatur
Lorenz Matzat/Ulrike Langer, Aus Zahlen werden Informationen: Datenjournalismus, in: Christian Jakubetz/Ulrike Langer/Ralf Hohlfeld (Hrsg.), Universalcode: Journalismus im digitalen Zeitalter (München: euryclia, 2011): S. 333–362.

Bernd Oswald, Datenjournalismus, in: Markus Kaiser (Hrsg.): Innovation in den Medien (München: Verlag Dr. Gabriele Hooffacker, 2013): S. 82–96.

4.9 Interview mit Albrecht Ude: „Das Deep Web spielt eine sehr große Rolle"

Albrecht Ude ist Journalist und Recherche-Trainer aus Berlin. Er schreibt unter anderem für die Weblogs www.rechercheblog.ch **und** www.rechercheinfo.de .

Herr Ude, welche Rolle spielt für Sie Online-Recherche?
Albrecht Ude: Der Ruf, dass von manchen nur noch online recherchiert wird, ist leider berechtigt. Viele Leute beginnen mit der Suche bei Google und enden

bei Wikipedia. Das ist dann natürlich keine ernst zu nehmende Recherche. Das wichtigste Recherchemittel ist nach wie vor das Telefon, weil diese Recherche interaktiv ist. Bei der vorherigen Online-Recherche geht es häufig darum, die richtigen Ansprechpartner und deren Kontaktdaten zu finden.

Wie starten Sie eine klassische Online-Recherche?

Albrecht Ude: Zunächst stelle ich mir die Frage: Wonach suche ich? Wer müsste die Informationen haben? Welches Suchwerkzeug ist wichtig? Dies kann Google sein. Wenn ich etwas bei Twitter suche, würde ich allerdings zu Bing gehen, weil es zwischen Bing und Twitter eine Suchallianz gibt. Bisher gibt es auch eine zwischen Bing und Facebook, aber diese wurde in den USA inzwischen aufgelöst. Es ist daher wichtig, dass ich viel über die Suchmaschinen und deren jeweilige Stärken weiß. Wenn ich mir ein Thema erarbeiten will, starte ich häufig bei Wikipedia. Die Einträge sollte man zwar skeptisch betrachten, aber die Links und Quellennachweise sind oft wertvoll. Die Liste ist zwar viel kleiner als in einer Suchmaschine, aber die Treffer sind oft besser, weil sie von menschlicher Intelligenz ausgewählt und zusammengestellt worden sind. Bei manchen Recherchen sind Spezialdatenbanken aber deutlich wichtiger als Suchmaschinen und Wikipedia.

Sie sprechen vom Deep Web.

Albrecht Ude: Das Deep Web spielt eine sehr große Rolle. Wenn ich zum Beispiel wissen will, wer sich mit welchem Thema in seiner Doktorarbeit beschäftigt hat, schaue ich im Katalog der Deutschen Nationalbibliothek nach. Dann bin ich schon im Deep Web. Was wichtig ist: Es gibt nicht das eine große Deep Web, sondern viele Deep Webs. Im Oberflächenweb würde ich die Dinge finden, wenn ich nur eine Maus hätte. Für das Deep Web brauche ich – vereinfacht dargestellt – die Tastatur, um eine Suchabfrage zu machen und zum Beispiel ein Passwort einzugeben. Im Internet gibt es tausende, ja Millionen Datenbanken. Das Problem daran ist, dass diese nicht durch eine Suchmaschine oder einen Katalog erschlossen sind. Deshalb spielt auch hier die Überlegung am Anfang eine große Rolle: Wer müsste die Informationen haben, die ich brauche? Und wer müsste diese – was für mich aus journalistischer Sicht wichtig ist – aus erster Hand haben?

Social Media gewinnt zunehmend an Bedeutung in der Recherche. Wie wichtig sind soziale Netzwerke für Sie?

Albrecht Ude: Social Media ist kein monolithischer Block. Auch hier gibt es nicht eine Suchmaschine. Bei Twitter nutze ich zum Beispiel das Advanced Search Tool von Twitter selbst und Dutzende von Zusatztools, die allerdings häufig nicht über einen längeren Zeitraum verfügbar sind. Das Problem ist: Diese Tools werden aufgebaut, man muss damit Geld verdienen und stellt fest, dass damit kein Profit zu machen ist. Deshalb haben sie häufig nur eine kurze Lebenszeit. Generell gilt: Facebook und Twitter sind für Journalisten unverzichtbar. Man braucht mindestens einen Fake-Account, um mitlesen zu können.

Besser ein Fake-Account als ein echter Account?

Albrecht Ude: Wer als Journalist bei Facebook und Twitter präsent sein will, kann auch seinen normalen Account nutzen. Wenn ich sensible Recherchen machen will, zum Beispiel bei XING, würde ich dies nicht von meinem normalen Account machen. Hier lege ich eine Spur, denn XING teilt den Nutzern mit, wer zuletzt dessen Profil angeschaut hat. Vor allem bei sensiblen Recherchen im Rocker- oder Nazi-Milieu will ich häufig nicht, dass sofort erkannt wird, dass ich als Journalist hier recherchiere. Ansonsten wird die Kommunikation hölzern, und ich erfahre nicht mehr viel. Deshalb empfiehlt es sich, die Vögel nicht aufzuscheuchen.

Recherche im rechtsextremen Bereich stellt einen sozusagen vor besondere Herausforderungen.

Albrecht Ude: Grundsätzlich muss man sich überlegen, wie ich hier recherchieren will. Möglichkeit 1: Ich recherchiere wie Wallraff verdeckt und schleuse mich ein. Möglichkeit 2 ist die offene, teilnehmende Recherche, wie sie die Journalistin Andrea Röpke macht. Dies bedeutet, dass man damit auch auf Listen der Rechtsextremisten steht. Möglichkeit 3 ist die rein beobachtende Recherche. Dies ist vor allem über die sozialen Netzwerke leicht zu machen. Hier kann ich zum Beispiel aus Freundeslisten bereits Schlüsse ziehen. Dazu brauche ich aber Fake-Accounts, im Idealfall einen zweiten Rechner, der auf keinen Fall mit eigenen Spuren belastet ist. Bevor ich einen Fake-Account anlege, sollte ich aber genau wissen, was ich tun will: Wenn ich später auch telefonisch Kontakt suchen will, darf ich als Mann auf keinen Fall als Frau auftreten, um mir diese Möglichkeit nicht zu verbauen.

Die Möglichkeiten der Online-Recherche klingen nahezu grenzenlos.

Albrecht Ude: Das ist richtig. Es ist momentan nur leider so, dass Journalisten noch zu wenig darüber wissen. Leider werden oftmals Spuren übersehen. Ein Beispiel: Wenn jemand mit seinem mobilen Telefon ein Bild macht, werde ich irgendwo in den Metainformationen Angaben finden, wann und wo das Bild gemacht wurde. Man muss dies nur decodieren. An so etwas zu denken, lohnt sich für einen Journalisten.

Umgang mit Informanten 5

Zusammenfassung

In diesem Kapitel geht es darum, wie man mit Informanten bei der Recherche umgeht, wie man sich ein möglichst engmaschiges Netz an Informanten aufbaut und wie man sie schützt. Auch wird darauf eingegangen, dass Journalisten vor Gericht ein Zeugnisverweigerungsrecht haben.

Nachts trifft man sich zu später Stunde im Stadtpark. Vorsichtige Blicke huschen umher. Vorher hat man ein Erkennungszeichen vereinbart. Der geheime Informant übergibt dem Journalisten Dokumente und erzählt ihm unter größter Verschwiegenheit vom Schwarzgeld-Skandal in seiner Firma. Was in Spielfilmen Alltag zu sein scheint, trifft in der Wirklichkeit nur höchst selten zu.

Informanten sind nicht immer geheim. Laut Definition ist zunächst einmal jeder ein Informant, der ein höheres Sachwissen besitzt als der Rechercheur und in den aufzuklärenden Sachverhalt nicht involviert ist.[1] Dies kann der Pressesprecher eines Unternehmens genauso sein wie ein ehemaliges Vorstandsmitglied eines Vereins, ein Augen- oder Ohrenzeuge genauso wie ein Wissenschaftler. Es kann aber natürlich auch ein Insider sein, der auspackt.

Ohne Informanten geht es nicht. Sie sind das A und O bei der Recherche. Ansonsten wäre man fast ausschließlich auf offizielle Verlautbarungen angewiesen und käme der Abbildung der Wirklichkeit in der Berichterstattung nicht so nahe, wie man dies dank guter Informanten erreichen kann. Ein Informant kann einen darauf hinweisen, dass in der Kreisliga der Trainer kurz vor dem Rauswurf steht. Er kann einem sagen, wer bei der nächsten Wahl gegen den Uni-Präsidenten kandidiert. Er kann Material liefern, wie sein Unternehmen Umweltschutzvorschriften vorsätzlich missachtet. In diesem Fall würde man ihn auch *Whistleblower* nennen.

---

[1] Vgl.: Michael Haller, Recherchieren (Konstanz: UVK, 7. Aufl. 2008): S. 205.

Ein Politik-Professor an einer süddeutschen Universität brachte zu seiner ersten Lehrveranstaltung am Dienstag öfter mal seinen Rollkoffer in die Vorlesung mit. Denn für seine fünf Lehrveranstaltungen in der Woche reiste er erst kurz vorher mit dem Zug aus Nordrhein-Westfalen an. Nach einer Übernachtung fuhr er dann am Mittwochnachmittag wieder zurück. Die Möglichkeit zur Sprechstunde bestand auf dem Fußweg von der letzten Vorlesung zum Bahnhof.

Eine regionale Tageszeitung berichtete über den „DiMi"-Professor, der damit gegen die Lehrverpflichtungsverordnung verstoßen hatte, die regelt, dass Professoren ihre Lehrverpflichtung grundsätzlich an mehr als zwei Tagen in der Woche zu erbringen haben. Aber wie ist die Redaktion an die Information gekommen? Verärgerte Studierende, die ihren Professor nicht zu greifen bekommen und bei ihm eine Prüfung nicht bestanden haben, wandten sich an die Zeitung. Ohne diese Informanten hätte die Geschichte nie erscheinen können.

Die Initialzündung für eine Geschichte geht häufig vom Informanten aus. Wie soll auch sonst der Journalist von dem faulen Professor erfahren? Danach folgt die Routinearbeit: Natürlich wurde die Gegenseite gehört. Der Hochschullehrer durfte sich ausführlich rechtfertigen:

> Teilweise sitze der Politologe in seiner Sprechstunde am Dienstagnachmittag – und kein Student komme zu ihm. „Studenten schicken lieber E-Mails, weil sie zu faul sind", glaubt der Professor. Und diese könne man schließlich auch von seiner Heimatstadt aus beantworten. „Kein Student wartet bei mir länger als 24 Stunden auf eine Reaktion", verspricht der Professor. „Ich weiß schließlich, dass ich eine gewisse Kompensationspflicht habe, weil ich nicht fünf Tage da bin."[2]

Doch bevor der Betroffene befragt wurde, holte der Journalist sich Informationen aus dem zuständigen Wissenschaftsministerium, wie die rechtliche Situation aussieht und ob es gegen die Praxis des Dozenten eine Handhabe gebe. Auch der Uni-Präsident kam zu Wort und versicherte später in der Zeitung:

> Wenn jemand seiner Verpflichtung nicht nachkommt, werde ich dem nachgehen. Sobald ich das erfahre, gehe ich da knallhart vor.

Abgerundet wurde die Recherche mit einem Blick auf andere Professoren: Es war demnach tatsächlich üblich, dass weitere in diesem Studiengang pendelten. In einem anderen Fach hatte der Hochschullehrer seine Sprechstunden in der Regel mittags beim Griechen abgehalten – ein Ouzo für ihn inklusive. Auch diese weiterführenden Rechercheergebnisse hatte der Journalist von verschiedenen Informan-

---

[2] http://www.nordbayern.de/region/der-professor-der-zu-wenig-da-ist-1.924057?searched=true.

ten erhalten, die im Bericht verständlicherweise nicht genannt werden wollten, da sie bei den jeweiligen Professoren noch Prüfungen schreiben mussten.

Mitten im Thema Informanten zu finden, ist bei der weiteren Recherche die zweite Möglichkeit. Das heißt, die Ursprungsidee für das Thema kann sogar vom Journalisten selbst ausgehen. Erst später trifft er dann auf einen Gesprächspartner, der ihm zusätzliche Informationen steckt. Häufig geschieht dies dann für einen zweiten Bericht, da potenzielle Informanten oftmals erst durch eine vorhergegangene Berichterstattung auf den Journalisten aufmerksam werden und erkennen, dass sich die Medien dafür interessieren.

5.1 Aufbau von Informantennetzwerken und Kontaktpflege

Der eigene Freundeskreis steht am Anfang. Dieses Informantennetz muss man nicht erst aufbauen, sondern man hat es bereits. In Gesprächen mit Freunden, der eigenen Familie, Mitspielern in der Basketball-Mannschaft oder im Tanzkurs erfährt man vieles, was einem für die Berichterstattung nützen kann.

Allerdings sollte man fair sein und nur das verwenden, was einem auch ausdrücklich in seiner Rolle als Journalist gesagt worden ist. Streng genommen verstößt man ansonsten gegen den Pressekodex, weil man sich nicht als Journalist zu erkennen gegeben hat. Mindestens genauso schlimm: Die Freundschaft wird darunter leiden. Mit einer einfachen Nachfrage kann man dies lösen: „Darf ich diese Information für meinen nächsten Bericht verwenden?"

Das zeigt, dass man als Journalist relativ schnell sich professionell ein Informantennetzwerk aufbauen sollte, um hier keine persönlichen Konflikte eingehen zu müssen. Auch wenn man – vor allem transparent gemacht durch soziale Netzwerke – über ein paar Ecken einen riesigen Freundeskreis hat, sollte eine Trennung zwischen Beruf und Privatem hier selbstverständlich sein. Ansonsten sind Interessenskonflikte programmiert.

Beim ersten Termin für die Lokalzeitung lernt man automatisch den ersten Informanten kennen. Wenn man als freier Mitarbeiter auf die Eröffnung einer Kunstausstellung geschickt wird, sollte man sich nicht nur still in die letzte Reihe setzen, sondern vor und nach dem offiziellen Teil mit möglichst vielen Menschen sprechen. Spätestens wenn man Visitenkarten mit der Künstlerin, dem Pressesprecher, dem Landrat und den weiteren Protagonisten der lokalen Kunst-Szene ausgetauscht hat, stehen die Chancen nicht schlecht, über diese Kontakte neue Themenideen und womöglich sogar Hintergrundinformationen für eine weitere Recherche zu erhalten. Deshalb lohnt es sich, immer nachzufragen, ob man sich wieder melden dürfe.

Dies setzt natürlich voraus, dass die Gesprächspartner Vertrauen zu einem haben. Dies wiederum hängt sehr stark vom eigenen Auftreten ab: Gutes Benehmen und ein höfliches Auftreten legt hierfür schon einmal den Grundstein. Dies bedeutet ausdrücklich nicht, dass man keine kritischen Fragen stellen darf. Im Gegenteil: Wer durchdacht und sachlich kritisch nachfragt, wird von seinem Gegenüber in der Regel sogar mehr geschätzt als ein ahnungs- und lustloser Journalist.

Nicht gut kommt an, wenn man als Journalist während der Reden nur lustlos auf seinem Smartphone tippt, sich mit seinen Journalistenkollegen unterhält, patzig und herablassend nachfragt, sein Desinteresse am Thema offen kundtut und sich als Erster aufs Buffet nach der Vernissage stürzt.

Vertrauen zu Informanten schafft man nicht nur durch sein Auftreten, sondern auch durch eine faire, professionelle und ausgewogene Berichterstattung. Auch dies bedeutet nicht, dass man nicht über Kritik und Skandale berichten darf, sondern vielmehr dass man im Bericht sachlich bleibt und vor allem immer die Gegenseite zu Wort kommen lässt.

Wer als Pressesprecher, Politiker oder Verbandschef Profi ist, mag sich zunächst über den Bericht trotzdem ärgern. Er wird aber zwischen der persönlichen und der sachlichen Ebene trennen können und den Bericht dem Journalisten nicht übel nehmen. Er wird dies wie in einem Wettkampf sportlich sehen, schließlich weiß er ja, dass der Journalist nur seinen Job getan hat.

Ein Netzwerk kann man auf diese Weise systematisch knüpfen. Von Termin zu Termin lernt man immer mehr Leute kennen. Optimal ist es natürlich, wenn man sich auf einen Themenbereich, ein Ressort bzw. eine Kommune spezialisieren kann. Nur dann lässt sich ein möglichst engmaschiges Informantennetz aufbauen.

Die Kontakte bei Pressekonferenzen, Sportveranstaltungen und Vernissagen sind häufig sehr oberflächlich. Deshalb lohnt es sich, mit manchen Gesprächspartnern sich separat zum Mittagessen, einem Kaffee oder ein Bier am Abend zu verabreden, um die Kontakte zu vertiefen. Man sollte sich nur immer bewusst sein, dass es sich dabei nicht um private Freunde, sondern um berufliche Kontakte handelt. Auf diese Weise kann auch der Hallensprecher eines Basketball-Klubs zu einem extrem wertvollen Informanten werden, der zwar in der zweiten Reihe im Verein steht, aber sehr viel mitbekommt und dies dem Journalisten auch gerne weitererzählt.

Hier versteht es sich natürlich von selbst, dass man nach dem üblichen anfänglichen Smalltalk beim Mittagessen, Kaffee oder Bier nicht über den eigenen Urlaub und seine Familie, sondern über das Themengebiet spricht, für das man als Journalist verantwortlich ist. Michael Haller rät, seine Informanten stetig zu pflegen, damit sie einen immer im Gedächtnis haben und nicht beispielsweise zu Konkurrenzmedien eine engere Bindung aufbauen: Ansonsten zeige der Informant keine

5.1 Aufbau von Informantennetzwerken und Kontaktpflege

Auskunftsbereitschaft mehr, „weil er nach dem Dracula-Muster behandelt wurde: anbeißen, absaugen, fallenlassen".[3] Stattdessen hätte man dem Informanten die Veröffentlichung als pdf oder einen Link per Mail mit einem herzlichen Dank zusenden können. Auch ein Geburtstags- bzw. Weihnachtsgruß zeigen die Wertschätzung. Bei wichtigen Informanten bleibt es einem unbenommen, sich auch regelmäßig zum Mittagessen zu verabreden. Die Erfahrung zeigt: Wenn man sich mit jemandem einmal ausführlich und gut unterhalten hat, erreicht man auch in Telefonaten eine andere Gesprächsebene, als wenn man nur flüchtig und nicht persönlich Kontakt hatte.

Je länger man einen Informanten kennt, je mehr Vertrauen er einem entgegenbringt und je öfter man bereits gut zusammengearbeitet hat, umso wahrscheinlicher ist es, dass man aus dieser Quelle relevante Informationen und gegebenenfalls auch Dokumente erhält. Allerdings muss man von sich aus auch manchmal den Kontakt abbrechen oder zurückfahren, wenn man erkennt, dass der vermeintliche Informant selbst kein Insiderwissen hat und für die eigene Arbeit völlig nutzlos ist. Schließlich ist die Pflege eines Informantennetzes sehr zeitaufwändig.

Wie nützlich ein potenzieller Informant sein könnte, kann man zum Beispiel anhand von *Testfragen* herausfinden: Man fragt nach etwas, das man selbst bereits weiß. Antwortet der Informant richtig, stellt er sich durchaus als Insider heraus.

Aus anderen Funktionen kennt man die besten Informanten manchmal. Wenn man als Lokalredakteur über die Universität in seinem Verbreitungsgebiet berichtet und guten Kontakt zum dortigen Pressesprecher pflegt, kann er nach einem Berufswechsel womöglich immer noch ein wichtiger Informant über seinen früheren Arbeitgeber sein.

Immer noch umstritten ist, ob Journalisten zwischen ihrer Tätigkeit und der eines Pressesprechers hin- und herwechseln sollten. Ein Vorteil ist in jedem Fall, dass ein Journalist, der bei einem Elektronik-Weltkonzern vorher gearbeitet hat, das Unternehmen im Detail und auch sehr viele potenzielle Informanten dort kennt.

Informanten haben Eigeninteressen. Sie zu erkennen, ist eine wichtige Aufgabe des Journalisten. Wie schon beschrieben, kann es sein, dass er seinem Erzfeind oder der Konkurrenz schaden möchte. Es kann sein, dass er sein eigenes Projekt oder ein Produkt seines Unternehmens platzieren möchte. Oder er möchte darüber einen möglichst guten Draht zur Presse aufbauen, um in einem anderen Artikel einen vermeintlichen Bonus zu erhalten.

Für Journalisten ist es wichtig, damit transparent umzugehen, sich nicht in Abhängigkeiten zu begeben. Er muss den Wechsel aus Nähe und Distanz beherrschen. Mögen kleine Geschenke oder die Einladung zu einem Abendessen noch in Ord-

---

[3] Michael Haller, Recherchieren (Konstanz: UVK, 7. Aufl. 2008): S. 210.

nung sein, wäre ein schön gefärbtes Porträt über den Informanten an anderer Stelle zu viel des Guten.

Natürlich kann es immer wieder auch vorkommen, dass man über den Informanten selbst kritisch berichten muss, wenn dieser in einer anderen Recherche zum Akteur wird. Hier gibt es zwei Möglichkeiten: Entweder man nimmt in Kauf, dass die eigene Quelle nach dieser Berichterstattung versiegen könnte (und baut möglichst vor, indem man sein Informantennetz stetig erweitert). Oder man übergibt die Recherche für dieses Thema an einen Kollegen, weil man sich selbst für zu befangen hält.

5.2 Informantenschutz

Schon wieder hat der Paketbote nicht geklingelt. Statt in den fünften Stock zu laufen, um das Paket abzugeben, wirft er jedes Mal einen Zettel in den Briefkasten, er habe den Adressaten angeblich nicht angetroffen. Trotz mehrfacher Beschwerden des Bürgers reagiert der Paketdienst nicht. Deshalb wendet er sich an die lokale Zeitung, schildert ihr die Vorfälle und stellt ihr die Benachrichtigungen des Paketboten in Kopie zur Verfügung.

Ob er zitiert werden darf? „Na klar", antwortet der Bürger. „Sie dürfen alles schreiben! Ich stehe mit meinem Namen dafür gerne ein, dass es genau so war." Manche Informanten gehen offen damit um, dass sie mit einem in Kontakt stehen. Man darf die Unterlagen komplett verwenden und sogar erwähnen, woher man diese erhalten hat.

Bei Abhängigkeitsverhältnissen spielt Informantenschutz eine besonders große Rolle. Wenn der Chef erfahren würde, dass sein Mitarbeiter den Schmiergeldskandal an die Presse weitergegeben hat, würde er seinen Job verlieren und womöglich sogar noch eine Anzeige wegen Verrats von Betriebsgeheimnissen riskieren. Im realen Fall des faulen Zwei-Tage-Professors könnte dieser sich in der Abschlussprüfung mit einer schlechten Note rächen, wenn er den Namen des Informanten kennen würde. Weil er um seine Karriere fürchtet, würde der Minister nicht im Detail erzählen, wie der Ministerpräsident seinen Kabinettskollegen in der vergangenen Sitzung heruntergeputzt hat. Manchmal geht es sogar um Leib und Leben.

Informanten sind deshalb zu schützen, wenn sie verdeckt und anonym bleiben wollen. „*Quellen hat man, aber über Quellen redet man nicht* – dies ist ein eiserner Grundsatz der journalistischen Berufsethik, quasi das Grundgesetz einer gedeihlichen Informantenbeziehung", meint Journalistik-Professor Volker Lilienthal.[4] Selbst vor Gericht müssen Journalisten (ähnlich wie Seelsorger und Ärzte) ihre Quellen nicht offen legen:

> **§ 53 Strafprozessordnung: Zeugnisverweigerungsrecht der Berufsgeheimnisträger**
>
> (1) Zur Verweigerung des Zeugnisses sind ferner berechtigt, (...)
> 5. Personen, die bei der Vorbereitung, Herstellung oder Verbreitung von Druckwerken, Rundfunksendungen, Filmberichten oder der Unterrichtung oder Meinungsbildung dienenden Informations- und Kommunikationsdiensten berufsmäßig mitwirken oder mitgewirkt haben. Die in Satz 1 Nr. 5 genannten Personen dürfen das Zeugnis verweigern über die Person des Verfassers oder Einsenders von Beiträgen und Unterlagen oder des sonstigen Informanten sowie über die ihnen im Hinblick auf ihre Tätigkeit gemachten Mitteilungen, über deren Inhalt sowie über den Inhalt selbst erarbeiteter Materialien und den Gegenstand berufsbezogener Wahrnehmungen. Dies gilt nur, soweit es sich um Beiträge, Unterlagen, Mitteilungen und Materialien für den redaktionellen Teil oder redaktionell aufbereitete Informations- und Kommunikationsdienste handelt.
> (...)

„Stern"-Reporter Hans-Martin Tillack sieht im Zeugnisverweigerungsrecht nicht etwa ein Privileg, sondern „eine Kernvoraussetzung der Demokratie".[5] Ihre Kontrollfunktion können die Medien nur wahrnehmen, wenn sie von Informanten über Missstände unterrichtet werden. Dies wiederum machen Informanten nur dann, wenn sie selbst keine Repressalien zu erwarten haben, folglich unerkannt bleiben.

Auch Kollegen und der eigene Chefredakteur erfahren – wenn dies der Gesprächspartner wünscht – im Zweifelsfall nicht, wer der Informant war. Natürlich ist es aber optimal, wenn man sich mit Kollegen austauschen kann, auch über die Motive des Informanten, schließlich gilt auch hier das Zwei-Quellen-Prinzip. Wenn man mit dem Kollegen spricht, ist durch das Redaktionsgeheimnis auch hier der Informant nach außen geschützt.

---

[4] Volker Lilienthal, Recherchieren (Konstanz: UVK, 2014): S. 56.
[5] Netzwerk Recherche (Hrsg.), Quellenmanagement – Quellen finden und öffentlich machen (nr-Werkstatt Nr. 9) (Wiesbaden: Eigenverlag, 2008): S. 10.

Ein effektiver Quellenschutz bedeutet, dass nicht nur in der Veröffentlichung und gegebenenfalls vor Gericht der Name des Informanten nicht genannt wird. Der Journalist hat dafür Sorge zu tragen, dass keinerlei Spuren zu ihm führen. Dies beginnt damit, dass man im Rechercheplan, der womöglich in der Redaktion auch noch offen auf dem eigenen Schreibtisch liegt, ein Pseudonym verwendet.

Auch das kommt vor: Ein Minister ist der Informant und will in keinem Fall damit in Verbindung gebracht werden. Vertuschen Sie dies, indem Sie neben den anonymen Vorwürfen („aus gut informierten Kreisen") denselben Politiker im selben Text noch einmal zitieren, womöglich mit „Zu diesem Vorfall will ich keine Stellungnahme abgeben". Dieser Trick darf allerdings nicht zur Marotte werden.

Tipps für effektiven Informantenschutz

- Drucken Sie keine E-Mails aus, und sperren Sie Ihren Computerzugang im Büro auch dann, wenn Sie sich nur kurz einen Kaffee holen!
- Machen Sie anderen Gesprächspartner keine Andeutungen, aus welchem Kreis, Bereich bzw. Ort der Informant stammt!
- Prüfen Sie, ob es theoretisch mehrere Whistleblower geben könnte! Wenn Ihr Informant als einziger vom Betrug weiß, wird er rasch in Verdacht geraten.
- Je weniger Kontakt ein Informant vorher mit Medien hatte, umso wichtiger ist es, dass Sie ihn über mögliche Gefahren und Konsequenzen aufklären.
- Achten Sie darauf, dass Sie beim Interviewtermin von niemandem gemeinsam gesehen werden, die von der Veröffentlichung betroffen sein werden!
- Prüfen Sie, ob durch die Angaben in Ihrem Text (Wohnort, Alter etc.) der Informant bereits identifiziert werden kann! Anonymisieren bedeutet, jegliche Spuren zu verwischen.

In der digitalen Welt spielt Informantenschutz eine zunehmend bedeutende Rolle. Wie man im Netz möglichst unerkannt surft, wurde im Kapitel „Recherchewerkzeuge in der digitalen Welt" und dort im Unterkapitel „Internetseiten" bereits ausführlich beschrieben.

Der Deutsche Journalisten-Verband gibt speziell zum Thema „Digitaler Informantenschutz" auf seiner Website unter www.djv.de Hinweise. Der DJV rät beispielsweise zu externen Speichermedien, Chats statt Telefonaten und E-Mail-Verschlüsselung.

Mit dem Thema Cloud Computing sollte man sich unter diesem Gesichtspunkt besonders intensiv auseinandersetzen und seine Einstellungen am Laptop, Tablet und Smartphone dementsprechend überprüfen. So praktisch die grenzenlose Verfügbarkeit der eigenen Daten ist: Werden selbst Terminkalender, Adressverzeichnisse und Rechercheprotokolle als Word-Dokument in der Cloud (also der Rechnerwolke) abgespeichert, können diese Daten natürlich auch gestohlen und gegebenenfalls online weiterverbreitet werden. Des Öfteren wurde über Hackerangriffe berichtet, die Passwörter geknackt und auf diese Weise in die Accounts eingedrungen sind.

Weiterführende Literatur

Peter Welchering/Manfred Kloiber, Informantenschutz für Journalisten (Berlin: Springer VS 2015).

5.3 Interview mit Peter Welchering: Wenn der Pressesprecher die besuchten Websites kennt …

Peter Welchering arbeitet seit 1983 als Journalist für Radio, Fernsehen und Print und hat verschiedene Lehraufträge an Journalistenschulen. Der Stuttgarter gilt als ausgewiesener Datenschutz-Experte.

Herr Welchering, warum spielt Datenschutz in der Recherche eine derart große Rolle?
Peter Welchering: Aus zwei Gründen spielt dies eine große Rolle. Erstens: Sie müssen ihre Recherche in Ruhe zum Abschluss bringen können, damit diese rund wird. Sie müssen die Informanten und Quellen so lange schützen, damit ihre Recherche nicht von der Politik oder anderen staatlichen Stellen verhindert wird. Zweitens: Es gibt teilweise Quellen, die geschützt werden müssen, damit sie in ihrem privaten bzw. beruflichen Umfeld unerkannt weiterleben können. Deshalb sollte man einen sehr, sehr starken Wert auf den Datenschutz und Informatenschutz legen.

Durch die NSA-Affäre wurde öffentlich, wie leicht Daten online mitgelesen werden können.

Peter Welchering: Online spielt der Datenschutz eine sehr viel wichtigere Rolle noch, weil die Daten einfach abgegriffen und zu Profilen verdichtet werden können. Es ist deshalb wichtig, sich bestimmte Online-Werkzeuge anzueignen. Ich sehe allerdings leider wenig Bereitschaft dazu und nur ein geringes Verantwortungsbewusstsein bei vielen Journalisten. Das ist eine schlimme Entwicklung.

Welche Werkzeuge meinen Sie?

Peter Welchering: Anonymisierungsplattformen wie den Tor-Browser. Warum das wichtig ist? Ich hatte schon einmal mit dem Pressesprecher eines Bundesministeriums gesprochen und er wusste, welche Seiten ich mir im Internet vorher angeschaut hatte. Weitere Werkzeuge sind tote Briefkästen, das Verschlüsseln von Mails. Das umfasst auch sämtliche Kontaktaufnahme über Chat mit Quellen, die ich konsultiere. Man sollte insgesamt darauf achten, dass die eigene Online-Kommunikation nicht nachvollzogen werden kann.

Das heißt, WhatsApp und Facebook scheiden für Sie aus?

Peter Welchering: WhatsApp ja, Facebook nicht unbedingt. Bei meinen Recherchen mit „Anonymous" habe ich alle Kontakte über Facebook abgewickelt. Wichtig ist, dass man die Privacy-Einstellungen überdenkt und die Kommunikation verschlüsselt. Ein anderes Beispiel: Die Kontaktaufnahme mit syrischen Oppositionsgruppen war für mich 2013 nur über Facebook möglich, um Videos und Bilder zu bekommen. Natürlich muss ich das Material dann auf seine Echtheit überprüfen.

Wie oft sind solche aufwändigen Recherchen möglich?

Peter Welchering: Dazu bräuchte es mehr Ressourcen. Der journalistische Alltag lässt ja oft schon normale Recherchen nicht mehr zu. Häufig fehlt es bei Online-Recherchen an Verantwortungsbewusstsein. Auch Journalisten-Gewerkschaften haben außerdem noch nicht erkannt, dass man manchmal hacken muss, um gute Recherchen hinzubekommen. Journalisten, die noch Traumata aus Schulzeiten haben, verbinden damit böse Mathematiker.

Wie lässt sich dies ändern?

Peter Welchering: Vor zwei Jahren hätte ich noch gesagt: Aufklärung, Aufklärung, Aufklärung und Ausbildung. Inzwischen bin ich mir nicht mehr sicher, ob ich die Kollegen damit erreiche. Wer Datenschutz nicht will, sollte sich aber einen anderen Beruf suchen. Ich darf einfach keinen Informanten durch meinen Leichtsinn gefährden. Es wäre außerdem naiv zu glauben, dass man heute nicht ganz einfach Profile über einen anlegen kann. Und das betrifft den Lokaljournalismus genauso wie ein Nachrichtenmagazin. Wir brauchen wieder eine Diskussion über den Daten- und Informantenschutz – und kein Davonlaufen. Ich kann hier auch keinen naiven Fortschrittsglauben brauchen.

5.3 Interview mit Peter Welchering

Vielen Dank für das Gespräch. Möchten Sie, dass ich Ihnen das Interview zur Autorisierung zuschicke.

Peter Welchering: Nein, ich halte grundsätzlich nichts von der Autorisierung von Interviews.

Investigative Recherche 6

Zusammenfassung

In diesem Kapitel geht es um Investigative Recherche und Undercover-Recherche. Es wird gezeigt, was bei diesen beiden Formen besonders zu beachten ist.

Am 17. Juni 1972 waren fünf Männer in die Wahlkampfzentrale der Demokratischen Partei im Watergate-Gebäude in Washington eingebrochen, um Abhörwanzen anzubringen. Sie wurden von der US-Polizei erwischt und verhaftet. Die beiden US-Journalisten Carl Bernstein und Bob Woodward recherchierten für die „Washington Post", dass die Einbrecher im Auftrag des Weißen Hauses gehandelt haben. Zwei Jahre später musste der Republikaner Richard Nixon als erster Präsident der USA zurücktreten.

Als Musterbeispiel für gelungenen Enthüllungsjournalismus gilt deshalb die Watergate-Affäre. Bernstein und Woodward waren – wie erst Jahrzehnte später bekannt geworden war – vom damaligen stellvertretenden Chef der US-Bundespolizei FBI, Mark Felt, in geheimen Treffen in einer Tiefgarage mit zentralen Informationen versorgt worden. Dass Felt der entscheidende Informant war, mit dessen Hilfe Woodward und Bernstein ihre Recherchen verifizierten, blieb mehr als 30 Jahre ein Geheimnis. So lange wurde die Quelle nur „Deep Throat" genannt.

Investigativer Journalismus (das lateinische Wort *investigare* heißt so viel wie *aufspüren, genauestens untersuchen*) funktioniert im Prinzip wie gewöhnliche Recherche. Die Grenzen sind fließend. Der Unterschied besteht darin, dass es bei investigativer Recherche darum geht, Missstände und unlautere Machenschaften aufzudecken. Man wird nicht ausschließlich aktiv mit belastendem Material versorgt, sondern muss gegen die Widerstände Beteiligter versuchen, Informationen herauszubekommen. Investigative Recherche ist demnach harte Arbeit. Informanten kommt hier eine wesentliche Bedeutung zu (siehe Kapitel „Umgang mit Informanten"). Wer investigativ arbeitet, begnügt sich nicht mit einer Quelle.

In den USA hat investigativer Journalismus eine größere Tradition als in Deutschland. In Deutschland zählte lange Zeit der kluge Kopf, der Leitartikel und Kommentare verfasst, mehr als der investigative Reporter. Erst im Jahr 2001 haben Journalisten sich zum „Netzwerk Recherche" zusammengeschlossen, einem Verein, der nach eigenen Angaben die Qualität der Medienberichterstattung mittels Recherche steigern, dem journalistischen Nachwuchs Recherchetechniken vermitteln und den investigativen Journalismus pflegen will.

Auch Klatschreporter oder People-Magazine nehmen für sich in Anspruch, investigativ zu arbeiten. Die Skandale, um die es hier geht, betreffen meist sogenannte *Soft News* (wer mit wem, Privates, gern auch Nacktfotos, von Prominenten). Wenn von investigativem Journalismus gesprochen wird, besser nachfragen, ob diese Variante gemeint ist oder die in diesem Buch beschriebene.

Ein Ressort „Investigative Recherche" hat als einer der Vorreiter beispielsweise die „Süddeutsche Zeitung" unter der Leitung von Hans Leyendecker 2009 gegründet. Eine Reihe von Journalisten wurde damit von Routinetätigkeiten freigestellt, um sich ganz der Aufdeckung von Skandalen widmen zu können. Anfang 2014 haben die „Süddeutsche Zeitung" und die beiden öffentlich-rechtlichen Rundfunkanstalten NDR und WDR bekannt gegeben, dass sie einen gemeinsamen Verbund für investigative Recherchen gründen.

Allmählich wird Recherche in überregionalen Medien auch als ökonomisch bedeutend angesehen: Mit exklusiven Geschichten und der Reputation für aufgedeckte Skandale können sich die Medien von der Konkurrenz abheben.

Medienkodex des Netzwerks Recherche (2006)
Präambel

Neue Technologien und zunehmender ökonomischer Druck gefährden den Journalismus. Um seine Qualität und Unabhängigkeit zu sichern, setzt sich das Netzwerk Recherche für dieses Leitbild ein.

1. Journalisten berichten unabhängig, sorgfältig, umfassend und wahrhaftig. Sie achten die Menschenwürde und Persönlichkeitsrechte.
2. Journalisten recherchieren, gewichten und veröffentlichen nach dem Grundsatz „Sicherheit vor Schnelligkeit".
3. Journalisten garantieren uneingeschränkten Informantenschutz als Voraussetzung für eine seriöse Berichterstattung.

4. Journalisten garantieren handwerklich saubere und ausführliche Recherche aller zur Verfügung stehenden Quellen.
5. Journalisten machen keine PR.
6. Journalisten verzichten auf jegliche Vorteilsnahme und Vergünstigung.
7. Journalisten unterscheiden erkennbar zwischen Fakten und Meinungen.
8. Journalisten verpflichten sich zur sorgfältigen Kontrolle ihrer Arbeit und, wenn nötig, umgehend zur Korrektur.
9. Journalisten ermöglichen und nutzen Fortbildung zur Qualitätsverbesserung ihrer Arbeit.
10. Journalisten erwarten bei der Umsetzung dieses Leitbildes die Unterstützung der in den Medienunternehmen Verantwortlichen. Wichtige Funktionen haben dabei Redaktions- und Beschwerdeausschüsse sowie Ombudsstellen und eine kritische Medienberichterstattung.

Ombudsleute bei Zeitungen sind ebenfalls ein Trend, der aus den USA nach Deutschland kommt. In Deutschland gibt es erst rund ein Dutzend (Stand: Januar 2015). Erst vor kurzem wurde die Vereinigung der Medien-Ombudsleute in Deutschland gegründet (www.vdmo.de). Die Medien-Ombudsleute (auch Leseranwälte genannt) nehmen Beschwerden von Zeitungslesern, Radiohörern oder Fernsehzuschauern über die Richtigkeit, Fairness und Ausgewogenheit der Berichterstattung entgegen, untersuchen sie, verstehen sich als Bindeglied zwischen Redaktion und Leser und vermitteln. Nicht nur bei Fragen zur Recherche, aber auch da kommt ihnen eine bedeutende Rolle zu.

Der Trend zu verstärkter investigativer Recherche in Deutschland ab dem Jahrtausendwechsel betrifft nur überregionale Medien. Generell zeigen Untersuchungen, dass die durchschnittliche Recherchezeit pro Arbeitstag abgenommen hat. Regionalzeitungen stehen aufgrund der Digitalisierung vor einem höheren Kostendruck, wodurch weniger Journalisten mehr Beiträge produzieren müssen bzw. den Text auch noch für das Internet aufbereiten oder eine zusätzliche Bildergalerie zusammenstellen müssen. Diese Zeit geht für die Recherche verloren.

Auch in deutschen Medien gab es immer wieder relevante Enthüllungen, die für Gesprächsstoff, Rücktritte oder eine Staatsaffäre sorgten. Im Nachrichtenmagazin „Spiegel" erschien im Jahr 1962 unter dem Titel „Bedingt abwehrbereit" ein von Conrad Ahlers und Hans Schmelz verfasster Artikel, in dem die Bundeswehr kritisiert wurde, sie sei aufgrund ihrer mangelhaften Ausstattung zu der von der NATO propagierten konventionellen Vorwärtsverteidigung gegen Truppen des Warschauer Pakts nicht in der Lage. Eine wirksame Abschreckung der Gegner sei daher fraglich.

Das Material für den Artikel hatte dem „Spiegel" ein Oberst aus dem Heer zur Verfügung gestellt. Aufgrund angeblichen Landesverrats wurden die Redaktionsräume des „Spiegel" durchsucht; Redakteure und Herausgeber Rudolf Augstein wurden verhaftet. Nach dieser „Spiegel-Affäre" musste Verteidigungsminister Franz Josef Strauß zurücktreten. Im Ausgang der Affäre wird heute eine Stärkung der Pressefreiheit gesehen.

Auch die Barschel-, die Flick- oder die Kießling-Affäre wurde dank investigativer Recherche aufgedeckt. Wenn die Initiative ursprünglich nicht von einem Journalisten ausging, so kann er doch auch dann einsteigen, investigativ nachzuforschen, wenn nur Teilvorwürfe bereits öffentlich sind.

Grundsätzlich gilt: Als Journalist sollte man immer misstrauisch sein und Dinge hinterfragen. Es lohnt sich, zumindest in seiner Vorstellungskraft das Unmögliche für möglich zu halten. Vor allem Querdenker mit einer Grundskepsis sind gute Rechercheure.

Im Lokaljournalismus fallen investigative Recherchen zum einen leicht, weil die Wege kurz sind, das Netzwerk engmaschig und man so von Skandalen vor Ort relativ schnell als Medienvertreter etwas mitbekommt. Auf der anderen Seite sind die Personalressourcen knapp, und nicht selten sind Medienvertreter mit der Spitze der Lokalpolitik oder dem Geschäftsführer des Mittelständlers zu stark miteinander verbandelt. Wenn die beiden Töchter gemeinsam in die Klasse gehen oder der Landrat Schirmherr beim Fußballturnier ist, das der Journalist ehrenamtlich ausrichtet, können kritische Nachforschungen durchaus unangenehm werden.

Von der „Schere im Kopf" spricht man, wenn ein Journalist in vorauseilendem Gehorsam etwas Kritisches nicht schreibt bzw. den Hinweisen auf eine Verfehlung nicht nachgeht. Auch Seilschaften des Redaktionsleiters können einem die Recherchearbeit erschweren, wenn dieser mit dem Betroffenen zum Beispiel Mitglied im selben Rotary Club oder im Kuratorium der Hochschule ist: Hier empfiehlt es sich, möglichst sachlich seine bisherigen Rechercheergebnisse in der Redaktionskonferenz vorzutragen und Kollegen vorab um Unterstützung zu bitten.

Bei kniffligen Recherchen lohnt sich auch im Kleinen ein Rechercheverbund. Warum sollte man sich nicht mit einem Kollegen aus der benachbarten Landkreisredaktion austauschen, ob die Müllabfuhr, die auch dort den Zuschlag erhalten hat, Dumpinglöhne zahlt? Warum auch nicht die Kollegen einer Redaktion in Nordrhein-Westfalen fragen, wenn der Trainer vor seinem Engagement in Schleswig-Holstein dort gearbeitet hat?

Investigative Journalisten überregionaler Medien rufen sehr gerne ihre Kollegen in Lokalredaktionen an, wenn sie über einen Skandal vor Ort recherchieren. Sie wissen es zu schätzen, dass die Lokaljournalisten sehr gut vernetzt sind und vor allem bei der Suche nach Ansprechpartnern weiterhelfen können.

Eines kommt in der Praxis leider immer wieder vor: Was mit gemeinsamen Recherchen begann, wird zu einer journalistischen Kampagne gegen einen Politiker, Sportfunktionär oder Verbandsvertreter. Auch bei investigativer Recherche geht es nicht darum, jemanden aus dem Amt zu schreiben. Es geht darum, den Skandal aufzudecken, diesen öffentlich zu machen und die Vorgänge sachlich zu schildern. Dies darf nicht mit einer Hetzkampagne gegen eine Person verwechselt werden. Insbesondere ist hier die Darstellung des Sachverhalts (Bericht) von der eigenen Meinung (Kommentar) zu trennen.

6.1 Undercover-Recherche

Die Undercover-Recherche ist ein Spezialfall der investigativen Recherche. Diese nicht alltägliche Form wird in Deutschland vor allem mit Günter Wallraff in Verbindung gebracht. Im Jahr 1977 arbeitete Wallraff dreieinhalb Monate lang als Redakteur bei der „Bild"-Zeitung in Hannover. Anschließend schilderte Wallraff in seinem Bestseller „Der Aufmacher. Der Mann, der bei ‚Bild' Hans Esser war" seine Erfahrungen in der Lokalredaktion Hannover. In seinem Buch wies er „Bild" schwere journalistische Versäumnisse und unsaubere Recherchemethoden nach. Der Deutsche Presserat sprach daraufhin sechs Rügen gegen „Bild" aus. Er rügte aber auch Wallraff für seine „nicht zulässige verdeckte Recherche".

> **Ziffer 4 des Pressekodex: Grenzen der Recherchen**
> Bei der Beschaffung von personenbezogenen Daten, Nachrichten, Informationsmaterial und Bildern dürfen keine unlauteren Methoden angewandt werden.
> *Richtlinie 4.1 – Grundsätze der Recherchen*
> Journalisten geben sich grundsätzlich zu erkennen. Unwahre Angaben des recherchierenden Journalisten über seine Identität und darüber, welches Organ er vertritt, sind grundsätzlich mit dem Ansehen und der Funktion der Presse nicht vereinbar.
> Verdeckte Recherche ist im Einzelfall gerechtfertigt, wenn damit Informationen von besonderem öffentlichen Interesse beschafft werden, die auf andere Weise nicht zugänglich sind.

> Bei Unglücksfällen und Katastrophen beachtet die Presse, dass Rettungsmaßnahmen für Opfer und Gefährdete Vorrang vor dem Informationsanspruch der Öffentlichkeit haben.
> (zitiert aus dem Pressekodex[1])

Nur im speziellen Einzelfall lässt sich beurteilen, ab wann verdeckte Recherche gerechtfertigt ist. Vor allem für Fernsehteams spielt es eine große Rolle, sich vorher sorgfältig auch mit rechtlichen Fragen auseinander zu setzen. Wer mit versteckter Kamera filmt, verstößt nicht nur gegen den Pressekodex, sondern macht sich womöglich sogar strafbar (siehe Unterkapitel „Interview" in „Recherchewerkzeuge in der analogen Welt").

Ein Fernsehteam hatte recherchiert, dass von einem Veranstalter von Reptilien-Ausstellungen die Tiere nicht artgerecht gehalten und auch illegal verkauft werden. Die Vorrecherche hatte diesen Verdacht bestätigt. Der Redakteur hatte sich daraufhin nach Rücksprache mit der Rechtsabteilung seines Senders dazu entschlossen, mit verdeckter Kamera zu drehen. Hätte er offiziell beim Veranstalter angefragt, hätte er diesen vorgewarnt und sicherlich nicht die Bilder vor die Kamera bekommen, die er zeigen wollte. Ein Grenzfall, der stets nach Rücksprache mit Juristen des eigenen Medienunternehmens erfolgen sollte.

Es versteht sich von selbst, dass die im Fernsehen gezeigten Menschen unkenntlich gemacht worden sind. Unkenntlich machen heißt aber nicht nur, einen schwarzen Balken vor die Augen zu setzen (dieser hat vielmehr häufig lediglich die Signalwirkung, hier handelt es sich um einen Verbrecher oder ein Opfer). Es heißt, darauf zu achten, dass die Person tatsächlich nicht erkannt werden kann. Deshalb muss man darauf achten, dass auch eine auffällige Narbe, ein Ohrring, ein Tattoo oder ein auffälliger Leberfleck unkenntlich gemacht werden. Auch Kfz-Kennzeichen, Kleidungsstücke oder der aufgenommene Hintergrund können Hinweise auf die Personen geben.

Günter Wallraffs Recherchen sind extrem zeitaufwändig. 1983 arbeitete er zum Beispiel zwei Jahre lang als türkischer Gastarbeiter Ali Levent Sinirlioğlu bei verschiedenen Unternehmen, unter anderem bei McDonalds und Thyssen. Außerdem nahm er an klinischen Pharmastudien teil. Seine Erfahrungen, vom Umgangston gegenüber Gastarbeitern über Steuerspartricks der Firmen bis hin zur Verletzung elementarer Arbeitsschutzregeln, beschrieb er ausführlich in seinem Buch „Ganz unten".

---

[1] http://www.presserat.de/pressekodex/pressekodex/.

Wallraff recherchierte in einer Brotbäckerei genauso wie in einer Obdachlosenunterkunft. Noch heute ist der inzwischen über 70-Jährige für „Die Zeit" und das ZDF tätig. Da investigative Recherchen in der Regel sehr zeitaufwändig sind, werden sie oft von einem Team durchgeführt. Die Journalisten haben dann viel Material und verfassen häufig nicht nur Zeitungstexte, sondern schreiben wie Wallraff ein Buch darüber.

Eine Kaffeefahrt oder eine Mensur, ein Fechtkampf bei einer Studentenverbindung, sind mögliche Themen für eine verdeckte Recherche. Allerdings gilt hier für Lokaljournalisten höchste Vorsicht. Wenn ihre wahre Identität aufgedeckt wird, kann dies in manchen Fällen Folgen für Leib und Leben haben. Aber wie sonst sollte ein Journalist die Machenschaften bei einer Kaffeefahrt aufdecken? Wenn er vorher offiziell anfragt und sich als Journalist zu erkennen gibt, wird man ihm entweder den Zutritt verwehren – oder man wird sich mit den Verkaufstricks bei Heizdecken und Drohungen gegenüber den teilnehmenden Senioren dieses eine Mal zurückhalten.

Sicherheit geht vor: In jedem Fall sollte der Journalist über schauspielerische Fähigkeiten verfügen und in dem betreffenden Umfeld nicht bekannt sein. Außerdem empfiehlt es sich, Redaktionskollegen einzuweihen und – wie bei einem ersten Date im privaten Bereich – womöglich zu vereinbaren, dass man sich zwischenzeitlich meldet, ob alles okay ist. Und vorab sollte man sich (nicht nur wegen des Pressekodex') immer die Frage stellen: Ist eine Undercover-Recherche hier überhaupt nötig bzw. zielführend oder wähle ich nur diese Form, weil sie draufgängerischer und spektakulärer wirkt?

Problematisch ist Undercover-Recherche vor allem dann, wenn man selbst zur handelnden Person wird: Ein Reporter des RTL-Landesstudios Ost war Ende 2014 nicht nur verdeckt auf einer anti-islamischen Pegida-Veranstaltung unterwegs gewesen. Er hatte dem NDR-Magazin Panorama auch noch ein Interview gegeben, ohne sich als Journalist zu erkennen zu geben. Stattdessen tat er sich mit besonders ausländerfeindlichen Aussagen hervor. RTL hat sich inzwischen von dem Reporter getrennt und schärfere Vorgaben für Undercover-Recherchen angekündigt.

6.2 Leaking-Plattformen

Die Website WikiLeaks (*wiki* kommt aus dem Hawaiianischen und steht für *schnell*, *leaks* aus dem Englischen und steht für *Lecks, Löcher* und *undichte Stellen*) ist eine Enthüllungsplattform, auf der Dokumente anonym veröffentlicht werden. Diese Dokumente sind vorher nicht öffentlich zugänglich gewesen und von Informanten hochgeladen worden. Diejenigen, die die Informationen zugänglich machen, möchten diese Journalisten zur Verfügung stellen, damit jene mit diesen Unterlagen Skandale aufdecken können.

WikiLeaks setzt dabei ein grundsätzliches öffentliches Interesse an den Informationen voraus. Das Projekt gibt an, denen zur Seite stehen zu wollen, „die unethisches Verhalten in ihren eigenen Regierungen und Unternehmen enthüllen wollen". Dazu wurde nach eigenen Angaben ein System „für die massenweise und nicht auf den Absender zurückzuführende Veröffentlichung von geheimen Informationen und Analysen" geschaffen.

Kritik an WikiLeaks wird geäußert, weil auch schützenswerte Daten nun weltweit frei zugänglich sind und damit insbesondere totalitäre Regime beispielsweise Doppelagenten aufdecken könnten. Seit September 2010 können keine Unterlagen mehr auf WikiLeaks hochgeladen werden, im Oktober 2011 wurde auch die Veröffentlichung von Dokumenten vorübergehend ausgesetzt.

Leaking-Plattformen generell können natürlich einen Beitrag dazu leisten, einfacher an vertrauliche Dokumente zu kommen, um einen Skandal aufzudecken. Um es Informanten einfacher zu machen, mit Redaktionen in Kontakt zu treten und brisantes Material ihnen zu überlassen, haben manche inzwischen dafür eigene Redaktions-E-Mail-Postfächer eingerichtet und User online aufgefordert, sich an diese Adresse zu wenden.

VroniPlag und LobbyPlag sind spezielle Formen dieser gemeinschaftlichen (kollaborativen) Rechercheformen. Auf VroniPlag wurden beispielsweise die Doktorarbeiten von Politikern unter die Lupe genommen und nach Plagiaten abgesucht. Bekanntestes Beispiel war die Dissertation des damaligen Bundesverteidigungsministers Karl-Theodor von und zu Guttenberg, der aufgrund der Recherchen und seiner ungeschickten Kommunikation im Anschluss zurücktreten musste.

Auf LobbyPlag haben Journalisten um Richard Gutjahr Gesetzesinitiativen mit Dokumenten von Lobbyisten verglichen. Erstaunlich häufig sind sie auf wortwörtliche Übereinstimmungen gekommen.

Weiterführende Weblinks
https://netzwerkrecherche.org (Netzwerk Recherche e. V.)
http://investigativ.org

Weiterführende Literatur
Johannes Ludwig, Investigatives Recherchieren (Konstanz: UVK, 3. Aufl. 2014).

6.3 Recherche im extremistischen Umfeld

Recherche im politisch extremistischen Umfeld erfordert erhöhte Vorsicht und Aufmerksamkeit. Im Interview hat Albrecht Ude in diesem Buch bereits beschrieben, welche Möglichkeiten er zur Recherche in dieser Szene sieht: Undercover-Recherche, offene Recherche oder die Szene zu beobachten. Um über Rechtsextremismus zu berichten, empfiehlt es sich, bekannte regionale Antifa-Archive anzuschreiben und darüber Kontakt aufzunehmen.

Sinnvoll ist bei der Recherche im rechtsextremen Umfeld, Webseiten lokaler Nazigruppen und NPD-Verbände regelmäßig zu checken und ggf. abzuspeichern, um später auch bei Änderungen Belege zu haben.

Hilfe bei der Recherche im rechtsextremen Bereich bieten unter anderem das antifaschistische Pressearchiv und Bildungszentrum Berlin (www.apabiz.de), die antifaschistische Informations-, Dokumentations- und Archivstelle München (www.aida-archiv.de), die Zeitschrift „Lotta" über die rechte Szene in Nordrhein-Westfalen (www.projekte.free.de/lotta), das antifaschistische Infoblatt (www.antifainfoblatt.de), der „blick nach rechts" (www.bnr.de), „Der Rechte Rand" (www.der-rechte-rand.de), der Blog publikative.org, der „Störungsmelder" der „ZEIT" (www.stoerungsmelder.org) oder das Portal „Netz gegen Nazis" (www.netzgegennazis.de), das neben der „ZEIT" auch der Deutsche Fußball-Bund und der Deutsche Olympische Sportbund unterstützen.

Für die Bundeszentrale für politische Bildung beschreibt die Journalistin und Rechtsextremismus-Expertin Andrea Röpke, wie sie mehrfach zum Opfer rechtsradikaler Gewalt geworden ist und dass Neonazis im Internet Steckbriefe von ihr lancieren (www.bpb.de/wissen/3CX37J): „Wie zahlreiche Kollegen wurde ich bespuckt und belästigt." Insbesondere Fachjournalisten, die Entwicklungen innerhalb der rechtsextremen Szene kontinuierlich beobachteten, gerieten ins Visier von Neonazi-Anführern. „Nicht selten tauchen Portraits und persönliche Angaben von Journalisten auf Internetseiten des ‚Nationalen Beobachters' in Sachsen-Anhalt oder im Forum des ‚Freier Widerstand' auf", schreibt Andrea Röpke in diesem Gastbeitrag.

Röpke berichtet in dem Beitrag vom Dezember 2006, dass auch Lokaljournalisten betroffen seien, die über Neonazi-Organisationen oder Ansiedlungen vor Ort berichteten: „Ihnen flattern Drohbriefe ins Haus, sie werden per Telefon anonym terrorisiert oder sogar sexuell bedrängt, wie im Fall einer Redakteurin aus Westfalen."

Im Jahr 2014 hat die Bundeszentrale für Politische Bildung (bpb) speziell für Lokaljournalisten ein Seminar zur Recherche über Rechtsextremismus in München angeboten. „Wer hart im Milieu arbeitet, ist gefährdet, beweist Mut und verdient

Anerkennung", meinte Berthold L. Flöper, der das Lokaljournalistenprogramm bei der bpb leitet. Diese Risiken seien aber auch gleichzeitig Chancen, weil nur Lokaljournalisten einen Einblick haben, der tief genug sei, um subtile Veränderungen wahrnehmen zu können. „Sie kennen den Sportverein, den NPD-Kader, den Neonazi von nebenan, möglicherweise seit Jahrzehnten. Und sie stehen mit ihren Lesern, Zuhörern und Zuschauern im kontinuierlichen Dialog."[2]

Bei Recherchen empfiehlt es sich, wie immer sehr sorgfältig zu arbeiten, um auch kleinste Recherchefehler zu vermeiden. Die Taktik der Gegner ist häufig, diese kleinen Fehler nachzuweisen, um damit die gesamte Recherche in Misskredit zu bringen. Nach Möglichkeit sollte vor der Veröffentlichung auch die Rechtsabteilung des jeweiligen Mediums eingebunden werden, um den Beitrag auch juristisch sauber zu verfassen.

6.4 Interview mit Uwe Ritzer: „Man gibt nicht auf, man bohrt bei investigativen Recherchen"

Uwe Ritzer arbeitet als Redakteur der „Süddeutschen Zeitung" aus dem Büro in Nürnberg. Gemeinsam mit seinem Kollegen Bastian Obermayer hat er den ADAC-Skandal aufgedeckt, der zum Sturz des Kommunikationschefs und des Präsidenten geführt hat.

Herr Ritzer, ab wann wird für Sie eine „normale" Recherche zu einer investigativen Recherche?

Uwe Ritzer: Die Grenzen sind fließend. Investigativ heißt für mich, jenseits der öffentlichen Verlautbarungen zu recherchieren. Da anzufangen, wo andere aufhören. Oder Spuren, Hinweisen und einem konkreten Verdacht tiefer nachzugehen. Dann erst beginnt die eigentliche Kärrnerarbeit, die viel Versicherungsvertretermentalität braucht. Soll heißen: Man gibt nicht auf, man bohrt, man geht (im übertragenen Sinne) hinten wieder rein, wenn man vorne rausgeworfen wurde. Ich habe Recherchen erlebt, da ging manchmal wochen- oder monatelang nichts vorwärts. Dann lasse ich ein Thema auch einmal etwas liegen. Meistens öffnet sich dann plötzlich eine entscheidende Tür.

Investigative Recherchen sind aufwändig. An wie vielen Themen recherchieren Sie in der Regel parallel?

---

[2] http://www.bpb.de/gesellschaft/medien/hoerfunker/180289/rechtsextremismus-im-lokaljournalismus (abgerufen am 23.12.2014).

6.4 Interview mit Uwe Ritzer

Uwe Ritzer: Das ist sehr unterschiedlich. Meistens laufen zwei, drei Recherchen gleichzeitig, wobei es nicht so ist, dass mich jede dann auch jeden Tag beschäftigt. Je mehr sich eine Geschichte konkretisiert, desto stärker konzentriere ich mich darauf und lasse anderes erst einmal liegen. Man muss Prioritäten setzen, um sich nicht zu verzetteln.

Öffentlich werden Ihre investigativen Recherchen immer dann (wie beim ADAC), wenn sich herausstellt, dass an Vorwürfen tatsächlich etwas dran ist. Wie oft stellen Sie nach aufwändigen Recherchen fest, dass nichts dran ist und kein Bericht veröffentlicht werden kann?

Uwe Ritzer: Das kommt immer wieder vor. Solche Rückschläge verstehe ich als normalen Bestandteil investigativer Arbeit. Es geht schließlich nicht darum, dass man eine These, die man zu Beginn einer Recherche entwickelt, bestätigt und alles ausblendet, was gegen diese These spricht. Dann nämlich wäre man einseitig und voreingenommen. Ziel ist es ja, Wirklichkeiten herauszufinden und abzubilden. Also löst sich manche Geschichte im Nichts auf. Manchmal kommt auch vor, dass man weiß, dass eine Geschichte stimmt, man sie aber nicht beweisen kann. Als junger Lokaljournalist recherchierte ich mal den Fall eines korrupten Kommunalpolitikers. Mehrere Quellen aus seinem Umfeld bestätigten mir seine Käuflichkeit, aber kein Informant wollte genannt werden oder hätte zu seinen Informationen gestanden. Und an schriftliche Beweise kam ich nicht ran. Also wurde nichts aus der Geschichte.

Informantenschutz spielt eine bedeutende Rolle. Wie schützen Sie vor dem Hintergrund des NSA-Skandals Ihre Informanten, damit diese auch durch elektronische Kontaktaufnahme unerkannt bleiben?

Uwe Ritzer: Der Informant ist heilig. Er muss unter allen Umständen geschützt werden. Ich mache diesen Schutz von der jeweiligen Situation abhängig. Bisweilen muss man auch über anonyme digitale Wege oder mit Decknamen arbeiten. Am liebsten ist mir immer noch der direkte, persönliche Kontakt: Hingehen, schauen, zuhören, im Idealfall schriftliche Belege sammeln – die guten alten Reportertugenden eben.

Wie bauen Sie sich Informantennetzwerke auf?

Uwe Ritzer: Indem ich den Kontakt zu einmal gefundenen, guten Quellen nicht abreißen lasse. Sondern auch mal anrufe oder anderweitig kommuniziere, wenn gerade nichts Konkretes anliegt. Das wichtigste Kapital im Umgang mit Informanten ist Vertrauen. Je mehr er davon hat und je besser die Erfahrungen eines Informanten mit einem Journalisten sind, desto mehr wird er sich öffnen.

Zum konkreten Beispiel ADAC: Wie lange haben Sie hier im Vorfeld recherchiert, bis Sie den ersten Text schreiben konnten?

Uwe Ritzer: Mein Kollege Bastian Obermayer und ich haben etwa ein bis anderthalb Monate recherchiert, wobei allerdings Weihnachten dazwischenlag.

Häufig sind Journalisten Einzelkämpfer. Beim ADAC haben Sie im Team recherchiert. Wäre es möglich gewesen, den ADAC-Skandal auch alleine aufzudecken oder sind Recherchen dieser Art für einen Journalisten alleine zu aufwändig?

Uwe Ritzer: Ich bin generell ein großer Fan von solchen Teams und hole mir häufig bewusst Kollegen ins Boot. Die wirklich spannenden, investigativen Fälle sind meistens so komplex und aufwändig, dass man sich die Arbeit so enorm erleichtert. Es ist wichtig, Kompetenzen von Kollegen zu nutzen, wenn man sie selbst nicht hat. Für mich war der ADAC vertrautes Terrain, weil ich früher bereits kritische Vorgänge aufgedeckt und beschrieben hatte. Ein großer Vorteil von Teamarbeit ist auch, dass man sich gegenseitig hinterfragt, antreibt, kritisiert. Dadurch bleibt man wacher und verliert sich nicht in Vorurteilen. Am Ende geht es immer darum, die beste Geschichte veröffentlichen zu können und nicht um die Frage, ob einer allein glänzt oder zwei, drei Autorennamen über dem Artikel stehen.

Wie gehen Sie damit um, wenn Sie bei einer investigativen Recherche unter Druck gesetzt werden?

Uwe Ritzer: Generell muss man als Journalist auch einmal Druck und Gegenwind aushalten können. Wer austeilt, darf auch beim Einstecken nicht so zimperlich sein. Das Wichtigste ist, Ruhe zu bewahren und seinen Job sorgfältig weiter zu machen. Schlimmer wird es, wenn Angriffe persönlich werden und man innerlich wütend darauf reagiert. Auch dann ist es gut, Kollegen an der Seite zu haben, als Unterstützung, aber auch, damit man vor lauter Wut nicht betriebsblind wird und in der Berichterstattung überzieht. Juristischer Druck beeindruckt mich wenig. Die „Süddeutsche Zeitung" verfügt über eine ausgezeichnete Rechtsabteilung, mit der ich mich in solchen Fällen eng abstimme.

Sind Sie bei einer investigativen Recherche schon einmal in Gefahr geraten?

Uwe Ritzer: In unangenehme Situationen: Ja. Aber wirklich in Gefahr – nein.

Rechtliche Aspekte bei der Recherche 7

> **Zusammenfassung**
>
> In diesem Kapitel geht es um rechtliche Aspekte bei der Recherche. Journalisten haben gewisse Privilegien, die in den Landespressegesetzen festgeschrieben sind, aber auch Pflichten. Darüber hinaus können sie zum Beispiel auch das Informationsfreiheitsgesetz für ihre Recherchen nutzen. Beachten müssen Journalisten außerdem den Pressekodex des Deutschen Presserats.

Bei der Recherche gilt es, auch rechtliche Aspekte zu beachten. Über den Informantenschutz wurde im Kapitel „Umgang mit Informanten" bereits ausführlich gesprochen. Im Kapitel „Recherchewerkzeuge in der analogen Welt" wurde zum Thema „Interview" aufgezeigt, dass verdeckte Tonbandaufnahmen nicht zulässig sind.

Wichtig zu wissen ist aber auch, dass man als Journalist ein besonderes Auskunftsrecht gegenüber Behörden (nicht aber privaten Unternehmen) hat und jedem Bürger – also somit auch Journalisten – durch das neue Informationsfreiheitsgesetz Recherchemöglichkeiten offenstehen.

In den Grundrechten des Grundgesetzes kommt die besondere Stellung der Medien als vierte Gewalt bereits zum Ausdruck:

> **Artikel 5**
>
> (1) Jeder hat das Recht, seine Meinung in Wort, Schrift und Bild frei zu äußern und zu verbreiten und sich aus allgemein zugänglichen Quellen ungehindert zu unterrichten. Die Pressefreiheit und die Freiheit der Berichterstattung durch Rundfunk und Film werden gewährleistet. Eine Zensur findet nicht statt.

(2) Diese Rechte finden ihre Schranken in den Vorschriften der allgemeinen Gesetze, den gesetzlichen Bestimmungen zum Schutze der Jugend und in dem Recht der persönlichen Ehre.
(3) Kunst und Wissenschaft, Forschung und Lehre sind frei. Die Freiheit der Lehre entbindet nicht von der Treue zur Verfassung.

(...)
Artikel 10

(1) Das Briefgeheimnis sowie das Post- und Fernmeldegeheimnis sind unverletzlich.

(...)
Artikel 18
Wer die Freiheit der Meinungsäußerung, insbesondere die Pressefreiheit (Artikel 5 Abs. 1), die Lehrfreiheit (Artikel 5 Abs. 3), die Versammlungsfreiheit (Artikel 8), die Vereinigungsfreiheit (Artikel 9), das Brief-, Post- und Fernmeldegeheimnis (Artikel 10), das Eigentum (Artikel 14) oder das Asylrecht (Artikel 16a) zum Kampfe gegen die freiheitliche demokratische Grundordnung missbraucht, verwirkt diese Grundrechte. Die Verwirkung und ihr Ausmaß werden durch das Bundesverfassungsgericht ausgesprochen[1].

Diese drei Artikel schützen also nicht nur die Veröffentlichung, sondern auch die Recherche für den journalistischen Beitrag. Dass zum Beispiel das Post- und das Fernmeldegeheimnis sogar in den Grundrechten ausdrücklich erwähnt werden, heißt aber nicht, dass man sich naiv darauf verlassen kann, nicht abgehört zu werden. Im Jahr 2012 ist zum Beispiel bekannt geworden, dass der Bundesnachrichtendienst die Redaktion des Nachrichtenmagazin „Spiegel" jahrelang bespitzelt hat. Wie man sich möglichst dagegen schützt, ist in den vorangegangenen Kapiteln bereits ausführlich behandelt worden.

---

[1] Grundgesetz: Grundgesetz für die Bundesrepublik Deutschland, Herausgeber: Bundeszentrale für politische Bildung, Bonn 2010. Oder: http://www.bundestag.de/bundestag/aufgaben/rechtsgrundlagen/grundgesetz/gg_01/245122.

7.1 Besondere Auskunftsrechte für Journalisten

Journalisten haben gegenüber Behörden (aber nicht privaten Unternehmen, Verbänden und Privatpersonen) ein besonderes Auskunftsrecht. Im Detail wird dies in den jeweiligen Landespressegesetzen geregelt, die alle ähnlich formuliert sind. Im *Bayerischen Pressegesetz* heißt es beispielsweise:

> **Art. 4 Informationsrecht der Presse**
>
> (1) Die Presse hat gegenüber Behörden ein Recht auf Auskunft. Sie kann es nur durch Redakteure oder andere von ihnen genügend ausgewiesene Mitarbeiter von Zeitungen oder Zeitschriften ausüben.
> (2) Das Recht auf Auskunft kann nur gegenüber dem Behördenleiter und den von ihm Beauftragten geltend gemacht werden. Die Auskunft darf nur verweigert werden, soweit auf Grund beamtenrechtlicher oder sonstiger gesetzlicher Vorschriften eine Verschwiegenheitspflicht besteht.

Das *Hamburgische Pressegesetz* schließt ausdrücklich die Vertreter elektronischer Medien mit ein und benennt deutlich mehr Gründe, wann eine Auskunft verweigert werden kann:

> **§ 4 Informationsrecht**
>
> (1) Die Behörden sind verpflichtet, den Vertretern der Presse und des Rundfunks die der Erfüllung ihrer öffentlichen Aufgabe dienenden Auskünfte zu erteilen.
> (2) Auskünfte können verweigert werden, soweit
>   1. hierdurch die sachgemäße Durchführung eines schwebenden Gerichtsverfahrens, Bußgeldverfahrens oder Disziplinarverfahrens beeinträchtigt oder gefährdet werden könnte oder
>   2. Vorschriften über die Geheimhaltung oder die Amtsverschwiegenheit entgegenstehen oder
>   3. sonst ein überwiegendes öffentliches oder schutzwürdiges privates Interesse verletzt würde.

> (3) Allgemeine Anordnungen, die einer Behörde Auskünfte an die Presse verbieten, sind unzulässig.
> (4) Der Verleger eines periodischen Druckwerks kann von den Behörden verlangen, dass ihm deren amtliche Bekanntmachungen nicht später als seinen Mitbewerbern zur Verwendung zugeleitet werden.[2]

Von diesem journalistischen Auskunftsrecht betroffen sind alle Behörden, egal, ob sie zum Bund, zum Land oder zur Kommune gehören. Auch GmbHs und andere Unternehmen in öffentlicher Hand sind grundsätzlich zur Auskunft verpflichtet. Das heißt, auch der kommunale Energieversorger oder das ausgegliederte kommunale Abfallentsorgungsunternehmen sind zur Auskunft verpflichtet.

Blogger und freie Journalisten fallen zum Beispiel im Bayerischen Pressegesetz streng genommen nicht unter das „Informationsrecht der Presse". Wer im Auftrag einer Zeitung oder Zeitschrift freiberuflich arbeitet, kann sich von dem Medium allerdings eine Bestätigung ausstellen lassen. Nicht alle Behörden werden prüfen, ob man tatsächlich zur berechtigten Gruppe gehört, insbesondere dann nicht, wenn man als Journalist bereits regelmäßig über dieses Themengebiet recherchiert hat und bekannt ist.

Sachbearbeiter oder Referatsleiter sind nicht verpflichtet, Auskunft zu geben. Das Recht besteht nur gegenüber dem Dienststellenleiter, der die Aufgabe allerdings häufig an seine Pressestelle delegiert. Natürlich darf man als Journalist nachfragen, ob man auch mit dem speziellen Sachbearbeiter sprechen darf, da dieser über das größere Faktenwissen verfügt. Ein Recht darauf hat man nicht.

Im Gesetz ist nicht geregelt, wie lange sich die Behörde zur Beantwortung Zeit lassen darf. Es besteht kein Anspruch, dass man in einem Telefonat sofort eine Antwort erhält. In der Regel muss sich der Behördenleiter oder Pressesprecher selbst erst beim zuständigen Sachbearbeiter erkundigen und sich detaillierte Informationen beschaffen. Man sollte daher nicht kurz vor Redaktionsschluss mit einer derartigen Anfrage an die Behörde herantreten, sondern genügend Zeit einplanen.

Zu Streit kann es immer wieder kommen. Der Behördenleiter kann durchaus etwas anderes unter einem „schutzwürdigem privaten Interesse" verstehen als der Medienvertreter. Im Zweifel kann man Widerspruch einlegen und anschließend

---

[2] http://www.gesetze-bayern.de/jportal/portal/page/bsbayprod.psml?showdoccase=1&doc.id=jlr-PresseGBY2000rahmen&doc.part=X http://www.landesrecht-hamburg.de/jportal/portal/page/bshaprod.psml;jsessionid=86406AA61412C938DA42DA06596D59A4.jpj5?showdoccase=1&st=lr&doc.id=jlr-PresseGHArahmen&doc.part=X&doc.origin=bs.

Klage beim Verwaltungsgericht einreichen. Allerdings wird in diesem Fall viel Zeit verstreichen, in der der Journalist mit seiner Recherche nicht weiterkommt. Einen Anspruch, Originaldokumente zu erhalten, hat man übrigens nicht. In der Regel werden die Auskünfte mündlich oder schriftlich erteilt.

7.2 Informationsfreiheitsgesetz

Nicht speziell für Journalisten, sondern für jeden Bürger ist im Jahr 2006 das Informationsfreiheitsgesetz (IFG) eingeführt worden: Jeder kann Einsicht in Akten nehmen oder Kopien dieser Unterlagen beantragen. Das IFG gilt allerdings nur für Bundesbehörden. Die Länder sollten zwar entsprechende Landesgesetze verabschieden; das haben aber – wie zum Beispiel der Freistaat Bayern, Hessen und Baden-Württemberg – bislang nicht alle getan. Natürlich können sich auch Journalisten in ihrer Arbeit auf das Informationsfreiheitsgesetz berufen.

Personenbezogene Daten sind durch Ausnahmeklauseln ausgeschlossen. Auch Betriebs- und Geschäftsgeheimnisse sowie geistiges Eigentum und sicherheitsrelevante Bereiche sind ausgenommen.

Aber wann genau sind Daten schützenswert? Häufig handelt es sich um eine Auslegungssache. Im IFG heißt es zu personenbezogenen Daten beispielsweise: „Das Informationsinteresse des Antragstellers überwiegt das schutzwürdige Interesse des Dritten am Ausschluss des Informationszugangs in der Regel dann, wenn sich die Angabe auf Name, Titel, akademischen Grad, Berufs- und Funktionsbezeichnung, Büroanschrift und -telekommunikationsnummer beschränkt und der Dritte als Gutachter, Sachverständiger oder in vergleichbarer Weise eine Stellungnahme in einem Verfahren abgegeben hat."

Wie sieht die Auskunft aus? Hier hat die Behörde ebenfalls einen Spielraum: „Die Behörde kann Auskunft erteilen, Akteneinsicht gewähren oder Informationen in sonstiger Weise zur Verfügung stellen. Begehrt der Antragsteller eine bestimmte Art des Informationszugangs, so darf dieser nur aus wichtigem Grund auf andere Art gewährt werden. Als wichtiger Grund gilt insbesondere ein deutlich höherer Verwaltungsaufwand." Natürlich ist es für einen Journalisten interessanter, Zugang zu Originaldokumenten zu erhalten, statt nur eine zusammengefasste, diplomatisch formulierte Auskunft vom Pressesprecher zu erhalten.

Das Gesetz sieht die Erhebung von Gebühren vor. Diese können sich bei aufwändigen Recherchen durchaus im Bereich von mehreren tausend Euro bewegen. Deshalb sollte man zu Beginn einer Nachforschung klären, ob diese Geld kostet und wie viel. Weil Journalisten einen öffentlichen Auftrag haben, können ihnen

die Gebühren erlassen werden. Wird ein Antrag abgelehnt, fallen keine Gebühren an.
Um schnell und kostengünstig an die gewünschten Informationen zu kommen, sollte man seine Fragen möglichst präzise formulieren. „Schicken Sie mir bitte alles, was Sie zum Winterdienst haben!" – damit wird man vermutlich nicht die Dokumente zu Gesicht bekommen, die man sich für seine Recherche erhofft hat. Zudem können zu vage Anforderungen von den Behörden abgelehnt werden.

Lehnt eine Behörde den Antrag auf Akteneinsicht ab, kann man den Datenschutzbeauftragten zur Schlichtung anrufen. Findet man hierbei keine einvernehmliche Lösung, besteht die Möglichkeit einer Klage vor dem Verwaltungsgericht. Insbesondere bei aktuellen Themen, kann dadurch allerdings eine Recherche komplett zunichte gemacht werden. Man sollte deshalb versuchen, sich mit dem Behördenleiter bzw. dessen Pressesprecher gütlich zu einigen. Manchmal kann aber auch allein die Androhung einer Klage schon Wunder wirken, so dass man die Dokumente zur Einsicht erhält.

Weiterführender Weblink

www.gesetze-im-internet.de/ifg

7.3 Weitere Gesetze

Journalisten können sich bei Recherchen beispielsweise auch auf das Umweltinformationsgesetz oder das Verbraucherinformationsgesetz berufen.

Auf das Umweltinformationsgesetz können sich wie beim IFG nicht nur Journalisten, sondern alle Bürger berufen. Umweltinformationsgesetze gelten sowohl im Bund als auch in den Bundesländern. Auskunftspflichtig sind Verwaltungsbehörden und Unternehmen, die im Umweltschutz tätig sind, zum Beispiel Abfallentsorgungsunternehmen.

Angefragt werden können zum Beispiel Daten zum Zustand der Umwelt. Es kann nach Faktoren gefragt werden, die sich auf den Zustand der Umwelt auswirken, wie zum Beispiel Emissionen, Abfall- und Abwasserentsorgung, nach Maßnahmen und Tätigkeiten, die sich auf die Umwelt auswirken oder ihren Schutz bezwecken, oder nach Auswirkungen von Umweltveränderungen auf die menschliche Gesundheit und den Zustand von Kulturstätten und Bauwerken. Beim Umweltinformationsgesetz gibt es ähnliche Ausnahmeregelungen wie beim Informationsfreiheitsgesetz.

Beim Verbraucherinformationsgesetz sind Verwaltungsbehörden des Bundes und der Länder informationspflichtig, zu deren Aufgaben die Überwachung des

Verkehrs mit Lebensmitteln, Kosmetika, Bedarfsgegenständen und Futtermitteln gehört, sowie Privatpersonen und Unternehmen, die öffentliche Aufgaben oder Tätigkeiten in diesem Bereich wahrnehmen und dabei der Kontrolle einer Behörde unterliegen. Kommunalbehörden unterliegen der Informationspflicht nur in den Ländern, in denen dies durch Landesgesetz ausdrücklich bestimmt ist.

Andere Gesetze (wie das Strafgesetzbuch) müssen von Journalisten natürlich ebenso beachtet werden. Auch ein Journalist begeht Hausfriedensbruch, wenn er nachts auf dem Friedhof recherchiert. Das Fernsehteam muss sich beispielsweise auf privatem Grund (zum Beispiel für eine Umfrage in einem Einkaufszentrum) vorher eine Drehgenehmigung erteilen lassen.

Auch die Straßenverkehrsordnung gilt bei der Recherche. Ein Kfz-Presseschild berechtigt nicht zum Falschparken. Eine rote Ampel missachten, um schnell zum nächsten Termin zu kommen, darf man genauso wenig wie ein Versicherungsvertreter. Auch aus dem Auto eine SMS an die Redaktion zu schreiben oder im Auto ohne Freisprecheinrichtung mit einem Informanten zu telefonieren, hat dieselben Konsequenzen, als wenn man mit einem Bekannten über das Fußballtraining am Abend spricht. Der Inhalt des Gesprächs spielt keine Rolle; Journalisten haben im Straßenverkehr keine Sonderrechte.

Gegendarstellung, Widerruf & Co. – hier handelt es sich im Pressegesetz nicht um Artikel, die speziell für die Recherche gelten. Erst nach einer Veröffentlichung können Journalisten und die Rechtsabteilungen der Medienhäuser damit konfrontiert werden. Natürlich sind aber auch diese Passagen im Vorfeld zu beachten. Der Ursprung für eine Gegendarstellung liegt häufig in einer fehlerhaften bzw. mangelhaften Recherche.

Weiterführende Weblinks

www.gesetze-im-internet.de/uig_2005

www.gesetze-im-internet.de/vig

7.4 Register und behördliche Verzeichnisse

Das *Handelsregister*, das *Grundbuch* und das *Vereinsregister* können für journalistische Recherchen wichtige Quellen sein.

Das Handelsregister ist ein öffentliches Verzeichnis, in das jeder Einsicht nehmen darf. Das kann man beim Registergericht machen oder seit 2007 auch über das länderübergreifende Länderportal www.handelsregister.de. Während man vor Ort kostenfrei sich das Handelsregister ansehen darf, ist online eine Registrierung notwendig und ein Abruf kostet 4,50 Euro. Für den Abruf der kostenfreien Bekanntmachungen braucht man sich nicht registrieren.

Im Handelsregister findet man zum Beispiel Angaben über (Einzel-)Kaufleute, Personenhandelsgesellschaften (OHG, KG) und Kapitalgesellschaften (AG, GmbH, KG a. A.). Neben dem Namen und der Rechtsform gehören dazu Angaben über den Inhaber, die persönlich haftenden Gesellschafter und das Grundkapital bei einer Aktiengesellschaft, das Stammkapital bei einer GmbH bzw. die Kommanditeinlagen bei einer KG.

Geschäftsführer und Prokuristen sind genauso aufgeführt wie der Unternehmensgegenstand, die Niederlassungen und gegebenenfalls auch eine Insolvenz oder Liquidation. Auch Jahresabschlüsse sind im Handelsregister zu finden, wenn die Unternehmen diese aufgrund ihrer Publizitätspflicht liefern müssen.

Grundbuch: Nur wer ein berechtigtes Interesse nachweist, darf in das Grundbuch schauen. Hierzu zählt auch das öffentliche Informationsinteresse, das über die Medien und deren Vertreter wahrgenommen wird. Die Einsicht ins Grundbuch ist kostenfrei möglich, für Kopien entstehen Gebühren.

Neben Angaben über die Größe und die Art des Grundstücks enthält das Grundbuch Angaben darüber, wer Eigentümer eines Grundstücks ist und von wem, wann und wie er das Eigentum an dem Grundstück erworben hat, zum Beispiel als Erbe, durch Kauf oder Schenkung. Dies ist in der so genannten Abteilung I zu finden. In Abteilung II stehen Eintragungen zum Beispiel zum Wohn-, Vorkaufs- oder Erbbaurecht oder Verfügungsbeschränkungen, beispielsweise wegen einer Zwangsversteigerung oder einer Insolvenz. In Abteilung III sind im Grundbuch die Belastungen (wie Hypotheken oder Grundschulden) verzeichnet, die auf dem Grundstück ruhen.

Als Journalist sollte man versuchen, in alle drei Abteilungen Einblick zu erhalten. Häufig wird versucht, den Journalisten mit dem Verweis auf die Persönlichkeitsrechte des Eigentümers abzuwimmeln. Macht er ein öffentliches Interesse geltend, so darf er jedoch die Angaben aller drei Abteilungen einsehen.

In das Vereinsregister darf nach einer schriftlichen oder mündlichen Anfrage beim Amtsgericht jeder Einsicht nehmen. Im Vereinsregister stehen unter anderem der Vorstand des Vereins und die Vereinssatzung. Dies kann zum Beispiel hilfreich sein, wenn man prüfen möchte, ob die Vereinsmittel auch satzungsgemäß verwendet werden.

Ein Beispiel: Bei einem Sportverein, der verschiedene Laufgruppen anbot, hat ein Informant mitgeteilt, die Mitgliedsbeiträge werden vor allem dazu genutzt, dass sich der Präsident bereichert. Bei der Recherche ist der Journalist darauf gestoßen, dass der gesamte Vorstand ausschließlich aus seinen Familienmitgliedern bestand und die Satzung vorsah, dass der Vorstand über die Aufnahme eines stimmberechtigten Mitglieds entscheiden musste. Damit hatte sich der Präsident wie im Absolutismus sein eigenes Reich geschaffen, was erst durch den Blick ins Vereinsregister offenkundig wurde.

7.5 Pressekodex

Der *Pressekodex* des *Deutschen Presserats* ist an verschiedenen Stellen in diesem Buch bereits behandelt worden. Der Presserat, eine Organisation der großen Verleger- und Journalistenverbände, ist im Jahr 1956 nach dem Vorbild des britischen *Press Council* gegründet worden, um ein geplantes Bundespressegesetz zu verhindern. Das Motto lautet in diesen Fällen häufig: Wenn sich eine Branche selbst reguliert, kann auf ein Gesetz verzichtet werden.

Der Pressekodex dient als Grundlage für die Beurteilung der von Lesern eingereichten Beschwerden. Er enthält 16 Ziffern. In diesen sind (ethische) Maßstäbe hinsichtlich der Berichterstattung und des journalistischen Verhaltens festgelegt.

An manchen Stellen wurde in Auszügen bereits aus dem Pressekodex zitiert. Weitere für den Bereich Recherche wichtige Stellen sind:

Ziffer 1 – Wahrhaftigkeit und Achtung der Menschenwürde

Richtlinie 1.1 – Exlusivverträge: Die Unterrichtung der Öffentlichkeit über Vorgänge oder Ereignisse, die für die Meinungs- und Willensbildung wesentlich sind, darf nicht durch Exklusivverträge mit den Informanten oder durch deren Abschirmung eingeschränkt oder verhindert werden. Wer ein Informationsmonopol anstrebt, schließt die übrige Presse von der Beschaffung von Nachrichten dieser Bedeutung aus und behindert damit die Informationsfreiheit.

Richtlinie 1.2 – Wahlkampfberichterstattung: Zur wahrhaftigen Unterrichtung der Öffentlichkeit gehört, dass die Presse in der Wahlkampfberichterstattung auch über Auffassungen berichtet, die sie selbst nicht teilt.

Richtlinie 1.3 – Pressemitteilungen: Pressemitteilungen müssen als solche gekennzeichnet werden, wenn sie ohne Bearbeitung durch die Redaktion veröffentlicht werden.

Ziffer 2 – Sorgfalt

Recherche ist unverzichtbares Instrument journalistischer Sorgfalt. Zur Veröffentlichung bestimmte Informationen in Wort, Bild und Grafik sind mit der nach den Umständen gebotenen Sorgfalt auf ihren Wahrheitsgehalt zu prüfen und wahrheitsgetreu wiederzugeben. Ihr Sinn darf durch Bearbeitung, Überschrift oder Bildbeschriftung weder entstellt noch verfälscht werden. Unbestätigte Meldungen, Gerüchte und Vermutungen sind als solche erkennbar zu machen. Symbolfotos müssen als solche kenntlich sein oder erkennbar gemacht werden.

Richtlinie 2.1 – Umfrageergebnisse: Bei der Veröffentlichung von Umfrageergebnissen teilt die Presse die Zahl der Befragten, den Zeitpunkt der Befragung, den Auftraggeber sowie die Fragestellung mit. Zugleich muss mitgeteilt werden, ob die Ergebnisse repräsentativ sind. Sofern es keinen Auftraggeber gibt, soll vermerkt werden, dass die Umfragedaten auf die eigene Initiative des Meinungsbefragungsinstituts zurückgehen.

(...)

Mit den Grenzen der Recherche befasst sich die Ziffer 4:

Ziffer 4 – Grenzen der Recherche

Bei der Beschaffung von personenbezogenen Daten, Nachrichten, Informationsmaterial und Bildern dürfen keine unlauteren Methoden angewandt werden.

Richtlinie 4.1 – Grundsätze der Recherchen: Journalisten geben sich grundsätzlich zu erkennen. Unwahre Angaben des recherchierenden Journalisten über seine Identität und darüber, welches Organ er vertritt, sind grundsätzlich mit dem Ansehen und der Funktion der Presse nicht vereinbar. Verdeckte Recherche ist im Einzelfall gerechtfertigt, wenn damit Informationen von besonderem öffentlichen Interesse beschafft werden, die auf andere Weise nicht zugänglich sind. Bei Unglücksfällen und Katastrophen beachtet die Presse, dass Rettungsmaßnahmen für Opfer und Gefährdete Vorrang vor dem Informationsanspruch der Öffentlichkeit haben.

> **Richtlinie 4.2 – Recherche bei schutzbedürftigen Personen:** Bei der Recherche gegenüber schutzbedürftigen Personen ist besondere Zurückhaltung geboten. Dies betrifft vor allem Menschen, die sich nicht im Vollbesitz ihrer geistigen oder körperlichen Kräfte befinden oder einer seelischen Extremsituation ausgesetzt sind, aber auch Kinder und Jugendliche. Die eingeschränkte Willenskraft oder die besondere Lage solcher Personen darf nicht gezielt zur Informationsbeschaffung ausgenutzt werden.
> **Richtlinie 4.3 – Sperrung oder Löschung personenbezogener Daten:** Personenbezogene Daten, die unter Verstoß gegen den Pressekodex erhoben wurden, sind von dem betreffenden Publikationsorgan zu sperren oder zu löschen.

Eine Grenze ist auch die *Intimsphäre* von Menschen. Auch einer Bundeskanzlerin, einem Bischof oder Lokalpolitiker muss man das Recht auf Privatheit einräumen. Dies heißt, dass ein Papparrazzi-Foto am Strand mit einem Bikinifoto der Bundeskanzlerin eine unzulässige Grenze überschreitet. Auch darf über das private Vergehen eines Politikers (zum Beispiel wenn er fremdgegangen ist) nur dann berichtet werden, wenn dies direkte Auswirkungen auf sein politisches Mandat hat. Das heißt, wenn er im Wahlkampf beispielsweise ein traditionelles Familienbild als höchstes Gut anpreist – oder wenn er die Affäre mit seiner Praktikantin hat, die er vermutlich aus diesem Grund flugs zur Büroleiterin befördert hat.

Rügen und Missbilligungen: Der Presserat wird erst dann aktiv, wenn ihm die Beschwerde eines Lesers vorliegt. In diesem Fall kann er öffentliche bzw. nicht-öffentliche Rügen und Missbilligungen aussprechen. Außerdem kann er den Medien Hinweise geben, wie sie in diesem Fall besser verfahren hätten sollen. Ziffer 16 des Pressekodex sieht vor, dass die Medien selbst darüber berichten, wenn sie vom Presserat gerügt worden sind.

Weiterführende Weblinks

www.presserat.de

www.nachgehakt-online.de

Weiterführende Literatur

Udo Branahl, Medienrecht: Eine Einführung (Wiesbaden: Springer VS, 7. Aufl. 2013).

Peter Studer/Rudolf Mayr von Baldegg, Medienrecht für die Praxis (Zürich: Saldo Ratgeber, 3. Aufl. 2006).

Christian Zappe, Medienrecht 2.0: Jura für Medienmacher (Norderstedt: Books on demand, 2011).

7.6 Interview mit Oliver Schlappat: „Generell nimmt die Zahl der Beschwerden zu"

Oliver Schlappat ist Referent für Öffentlichkeitsarbeit beim Deutschen Presserat, dessen Geschäftsstelle ihren Sitz in Berlin hat.

Welcher Teil an Beschwerden, die beim Presserat eingehen, hat mit Recherchemängeln zu tun?

Oliver Schlappat: Darüber führt der Presserat keine gesonderte Statistik, da sich Recherchemängel nicht unter eine einzige Ziffer des Pressekodex subsumieren lassen, sondern verschiedene Kodexziffern betreffen können. Viele Recherchefehler dürften über einen Verstoß gegen die Sorgfaltspflicht gemäß Ziffer 2 des Pressekodex erfasst sein. Generell nimmt die Zahl der Beschwerden zu, jedoch hat dies vor allem mit der leichteren Verfügbarkeit von publizistischen Inhalten zu tun. Darüber hinaus nehmen die Beschwerden in Bezug auf Ziffer 2 nicht überproportional zu. Im Jahr 2014 war außerdem ein Teil des zunehmenden Beschwerdeaufkommens in einer hohen Anzahl polarisierender politischer Themenlagen begründet. Eine grundsätzliche Aussage über die Qualität von Recherche lässt sich daraus nicht ableiten.

Was wird aus Ihrer Sicht heute am häufigsten bei der Recherche vernachlässigt?

Oliver Schlappat: Aus meiner Sicht ist ein immer wieder auftretendes Problem, dass sich Journalistinnen und Journalisten auf Informationen verlassen, die ihnen aus vermeintlich verlässlichen Quellen zukommen. Dazu gehören beispielsweise die Mitteilungen von Strafverfolgungs- und Ermittlungsbehörden, politischen Gruppierungen oder NGOs, die naturgemäß keinen publizistischen Grundsätzen verpflichtet sind. Weniger ein Rechercheproblem, jedoch ein zunehmend auftretendes, ist die Verwendung von Informationen und Inhalten aus sozialen Netzwerken. Damit kann zum Beispiel gegen den Schutz der Persönlichkeit verstoßen werden, wenn zum Beispiel Fotos verwertet werden, die sozialen Medien entnommen worden sind. In Bezug auf Recherche ist darüber hinaus problematisch, dass gerade bei der Wiedergabe von Informationen aus sozialen Netzwerken auf eine gründliche Prüfung der Plausibilität geachtet werden muss.

7.6 Interview mit Oliver Schlappat: „Generell nimmt die Zahl der Beschwerden zu"

Stichwort: Ein-Quellen-Journalismus: Gibt es aus Sicht Ihrer Praxis heute mehr Probleme mit Recherchemängeln als früher?

Oliver Schlappat: Das geben die uns vorliegenden Beschwerden und die Entscheidungen darüber nicht her. Das Risiko, die Recherche zu Gunsten der Geschwindigkeit bei einer Veröffentlichung zu vernachlässigen, hat sich durch das Internet zwar verschärft. Jedoch sind sich nach unserer Erfahrung die Journalisten dieser Problematik bewusst. Prinzipiell birgt auch der Kostendruck in der Branche und der damit verbundene Arbeitsdruck die Gefahr, dass gewissenhafte Arbeit in den Redaktionen vernachlässigt werden könnte. Statistische Daten dazu können wir als Presserat nicht erheben.

Was Recherche betrifft: Gibt es aktuelle Diskussionen, im Pressekodex etwas zu verändern?

Oliver Schlappat: Nein. Wenn ein Journalist nicht ausreichend recherchieren sollte, führt dies zu Auswirkungen, die letztlich einen Verstoß gegen eine der Ziffern des Pressekodex führen. Insofern gibt es aus meiner Sicht derzeit keinen Bedarf zur Nachbesserung, da das Problem vom derzeitigen Kodex erfasst und sanktionierbar wäre.

Sie sind zuständig für Print und die Online-Ableger: Gibt es aus Ihrer Sicht Unterschiede zwischen beiden Medien, was die Qualität der Recherche betrifft?

Oliver Schlappat: Beide Vertriebswege haben Vor- und Nachteile. In Bezug auf Ansprüche an die Recherche gibt es keine Unterschiede. In Einzelfällen mag der Druck, einen Online-Text möglichst schnell zu veröffentlichen, zu nicht ausreichenden Recherchen führen. Ich halte das eher für die Ausnahme. Das weit verbreitete Gefühl, online werde weniger oder schlechter recherchiert, hat meiner Meinung nach viel damit zu tun, dass Online sich schon aus rein technischen Gründen sehr gut für die Weitergabe von kurzen und kurzlebigen Nachrichten eignet, die zumeist keiner aufwändigen Recherche bedürfen. Entsprechend sind diese online zahlreicher zu finden als im Print-Bereich. Im Übrigen sind wir auch zuständig für solche journalistischen Internet-Angebote, die zwar nicht den Verlagen zuzurechnen sind, die sich aber von sich aus mit Abgabe einer Selbstverpflichtungserklärung gegenüber dem Deutschen Presserat zu den publizistischen Grundsätzen bekennen.

Spezielle Rechercheformen 8

> **Zusammenfassung**
> In diesem Kapitel geht es um die spezifische Recherche für die journalistischen Ressorts sowie für die Darstellungsformen Porträt, Reportage und Feature sowie um Recherche im Bereich der Pressearbeit.

Je nach Ressort und nach journalistischer Darstellungsform gibt es Unterschiede bei der Recherche. Journalisten wiederum haben andere Rechte (siehe Kapitel „Rechtliche Aspekte bei der Recherche") als Mitarbeiter von Pressestellen oder Bundestagsabgeordneten, deren Tätigkeit ebenfalls aus Recherche besteht.

Unterschiede je nach Ressort: Im Technikjournalismus ist man stärker als in der Politikberichterstattung darauf angewiesen, dass Unternehmen über neue Produkte informieren. Im Politikjournalismus wiederum spielt ein gutes Informantennetzwerk eine herausgehobene Rolle; es geht oft mehr darum, unterschiedliche Sichtweisen und Meinungen herauszuarbeiten, als über Fakten zu berichten. Öffentliche Auftritte von Politikern zu besuchen ist meist weniger ergiebig als Veranstaltungen im Sportjournalismus. Bei diesem steht das Fußball-, Hockey- oder Handballspiel, der Triathlon, das Stabhochspringen oder das Reitturnier im Mittelpunkt.

Je nach Ressort wird deshalb unterschiedlich recherchiert. Mal mehr vor Ort, mal mehr am Telefon. In jedem Ressort besteht jedoch die Möglichkeit zu investigativer Recherche. Auch im Sportjournalismus, wie das Beispiel des Dopingskandals bei der „Tour de France" gezeigt hat. Auf diese Unterschiede je nach Ressort wird im Buch „Special Interest" der gelben Reihe, herausgegeben von Markus Kaiser (Berlin: Econ, 2012), detailliert eingegangen.

Im Folgenden werden die Besonderheiten bei der Recherche für verschiedene journalistische Darstellungsformen wie das Porträt, die Reportage und das Feature aufgezeigt.

8.1 Recherche für Porträts

Auf den ersten Blick wirkt die Recherche für ein Porträt einfach: Man verabredet sich mit der Person in einem Café, spricht eine Stunde über deren Leben und fährt dann zurück in die Redaktion, um die Aussagen niederzuschreiben. Fertig ist das Porträt.

Ein Porträt ist kein Arbeitszeugnis, in dem nur wohlwollende Formulierungen erlaubt sind. Doch genau so wird sich das Porträt lesen, wenn man nur mit der Person selbst gesprochen hat. Das Porträt wird zu einer Selbstdarstellung, wie sich jemand selbst sieht oder wie er gerne in der Öffentlichkeit wahrgenommen werden würde.

Deshalb ist es wichtig, dass man nicht nur die zu porträtierende Person selbst befragt, sondern vorab mit möglichst vielen anderen Menschen spricht, die mit ihr zu tun haben. Diese können Parteifreunde genauso sein wie Politiker der Opposition, dies kann die Sekretärin des Uni-Präsidenten genauso sein wie der verfeindete Dekan der Medizin-Fakultät, dies kann ein Mitspieler des Mittelstürmers genauso sein wie seine Freundin.

Wer möglichst viele Menschen befragt, erhält ein rundes Bild. Er erkennt schnell, dass der auf den ersten Blick liebenswürdige Politiker doch ein starker Choleriker ist, dass der Chef mit seinen Mitarbeitern wie ein Tyrann umspringt, dass der Sänger Staralüren hat. Auch hier gilt: Nicht nur Freunde fragen, sondern auch Feinde und Gegner. Um ehrliche Aussagen zu erhalten und nicht erneut Formulierungen wie in einem Arbeitszeugnis, sollte man unbedingt Vertraulichkeit zusagen. Auch hier können langjährige Informanten, zu denen man bereits Vertrauen aufgebaut hat, sehr nützlich sein.

Ein Porträt ist kein tabellarischer Lebenslauf und kein Wikipedia-Eintrag. Es geht nicht darum, chronologisch die Fakten aufzuzählen. Es geht darum, die Person im beruflichen, politischen oder privaten Umfeld zu beschreiben, wie sie ist. Dies gelingt in der Regel besser durch Szenen, Beispiele, Anekdoten und weniger durch pure Fakten.

Deshalb sollte man bei der Recherche immer konkret werden: Wie lässt sich hinter die sorgfältig gepflegte Außendarstellung des Wirtschaftsbosses schauen? Wie kam es zum steilen Aufstieg des Politikers? Ist die Großherzigkeit der Spielerfrau Fassade? In der „Süddeutschen Zeitung" hat Peter Fahrenholz zum Abschied Edmund Stoibers aus der Politik im Jahr 2007 ein Porträt mit dem Titel „Der kurze Schmerz zum langen Abschied" geschrieben:

> Zu den politischen Aktivitäten, denen er sich anfangs mit dem gleichen Feuereifer widmete, mit dem er sich stets allem widmete, gehörte der Kampf gegen die Nacktbader in der Pupplinger Au, einem bekannten Nudisten-Areal an der Isar. Stoiber

8.1 Recherche für Porträts

befürchtete die „schleichende Zerstörung unserer Erholungsgebiete" und forderte das Eingreifen der Polizei. Unter Gefeixe der Opposition musste der damalige Innenstaatssekretär Erich Kiesl Stoiber darauf hinweisen, dass dies leider nicht so einfach sei. Weil sich die Nackten nämlich „beim Eintreffen der Polizei mehrheitlich immer in die Isar zurückziehen, wo sie von der Polizei nicht festzunehmen sind, weil unsere Beamten angezogen sind und ihnen deshalb nicht folgen können".[1]

Diese Geschichte aus der Vergangenheit bleibt besser im Gedächtnis der Leser hängen, als wenn Peter Fahrenholz schlicht geschrieben hätte, Stoiber war schon immer spaßbefreit und ein Arbeitstier.

Szenen benötigt man für ein gutes Porträt wie für eine Reportage. Deshalb reicht es nicht, sich mit jemandem im Café zu treffen. Das Optimale ist: Erst ein Vorgespräch, dann jemanden bei seiner Tätigkeit begleiten sowie beobachten und dann ein Nachgespräch. Niemand wird sich einen ganzen Tag so verstellen können wie bei einem einstündigen Interview.

Für ein Porträt hat ein Redakteur den Wissenschaftsminister einen ganzen Tag lang begleitet. Er passte auf, wie dieser mit seiner Sekretärin umgeht, wie er Reden hält, wie er mit Uni-Präsidenten kommuniziert. Beim letzten Termin abends, bei einer hitzigen Podiumsdiskussion, verließ der Politiker die Veranstaltung vorzeitig, um seinen Zug in die Landeshauptstadt zu erwischen. Studenten rannten ihm nach und schimpften ihn einen Feigling. Da verlor der Politiker selbst die Nerven: „Sie Armleuchter, Sie Armleuchter!", brüllte er. Dass er zu cholerischen Ausbrüchen neigt, ließ sich durch diese Szene besser zeigen, als dies abstrakt ins Porträt einzubauen.

Manche Experten raten deshalb mindestens zu einem Ortswechsel mit dem Porträtierten, auch ein Spaziergang wird immer wieder empfohlen. Es zeigt sich tatsächlich, dass man häufig erst Vertrauen aufbauen muss, um jemanden zu knacken, um ehrliche Antworten zu erhalten.

Wer vorbereitet ist, erfährt mehr. Denn dann kann man auch überraschende, freche Fragen stellen. Neben Gesprächen mit Weggefährten lohnt sich bei bekannten Persönlichkeiten ein Blick in den „Munzinger", ein Personenarchiv, das fast jede Redaktion in gedruckter Form oder online nutzt.

Auch via Social Media lassen sich Informationen über jemanden herausfinden. Natürlich kann es auch eine Masche sein, jemandem zu schmeicheln, indem man ihn auf ein Detail in seinem Leben anspricht, beispielsweise dass er doch am vergangenen Wochenende beim Skifahren war und ob dies sein größtes Hobby ist. Er wird dadurch merken, dass man sich vorbereitet hat und anscheinend tatsächlich für ihn interessiert.

---

[1] Süddeutsche Zeitung, Autor: Peter Fahrenholz, 28.09.2007, Seite 3.

Weiterführende Literatur
Peter Linden/Christian Bleher, Das Porträt in den Printmedien (Berlin: Zeitungs-Verlag, 2004).

8.2 Recherche für Reportagen

Notfalls lassen sich alle journalistischen Texte vom Schreibtisch recherchieren (über die Qualität ist damit noch keine Aussage getroffen). Nur bei einer Darstellungsform funktioniert dies nicht: der Reportage.

> **Was man für eine Reportage braucht**
>
> - Schauplätze (Szene ergibt einen Rahmen)
> - Person („Casting" der Hauptfigur; eventuell zwei entgegengesetzter Hauptfiguren)
> - Handlung (Drehbuch)
> - Thema (Gegensatz/Konflikt)
> - Dramaturgie

Vor Ort muss man den Protagonisten begleiten, man muss ihm über die Schultern schauen und hautnah dran sein, um möglichst authentisch berichten zu können. Abstrakte Begriffe sollten noch stärker als bei einem Porträt vermieden werden. Es kommt auf die konkreten Beobachtungen an.

René Pfister hat dies im „Spiegel"-Text „Am Stellpult" aus Sicht der Jury des Henri-Nannen-Preises bestmöglichst getan, schließlich hatte sie seinen Text als „beste Reportage des Jahres 2010" ausgezeichnet:

> Ein paarmal im Jahr steigt Horst Seehofer in den Keller seines Ferienhauses in Schamhaupten, Weihnachten und Ostern, auch jetzt im Sommer, wenn er ein paar Tage frei hat. Dort unten steht seine Eisenbahn, es ist eine Märklin H0 im Maßstab 1:87, er baut seit Jahren daran. Die Eisenbahn ist ein Modell von Seehofers Leben.
>
> Es gibt den Nachbau des Bahnhofs von Bonn, der Stadt, in der Seehofers Karriere begann. Nach dem Jahr 2004, als er wegen des Streits um die Gesundheitspolitik sein wichtigstes Amt verlor, baute er einen „Schattenbahnhof", so nennt er ihn, ein Gleis, das hinab ins Dunkel führt.

8.2 Recherche für Reportagen

Seit neuestem hat auch Angela Merkel einen Platz in Seehofers Keller. Er hat lange überlegt, wohin er die Kanzlerin stellen soll. Vor ein paar Monaten dann schnitt er ihr Porträtfoto aus und kopierte es klein, dann klebte er es auf eine Plastikfigur und setzte sie in eine Diesellok. Seither dreht auch die Kanzlerin auf Seehofers Eisenbahn ihre Runden.[2]

Der Schönheitsfehler: René Pfister war selbst nie in Seehofers Keller, er ist kein Augenzeuge und hat die (allerdings korrekten) Beschreibungen nur aus Erzählungen wiedergegeben. Als Pfister dies zugab, wurde ihm der Henri-Nannen-Preis sofort wieder aberkannt. Eine hitzige Diskussion entbrannte im Journalismus, ob man dies in einer Reportage schreiben dürfe, was man nicht mit eigenen Augen gesehen hat. Zumindest, meinten einige, René Pfister hätte dies im Artikel kenntlich machen müssen durch eine Phrase wie „so hat es Seehofer beschrieben".

Dies zeigt, eine Reportage funktioniert eben nicht vom Schreibtisch aus. Man muss vor Ort sein. Während Horst Seehofer mit der Eisenbahn spielt, sollte man möglichst auch keine Fragen stellen, sondern die Situation möglichst ungestört beobachten. Im besten Fall sollte Lokomotivführer Seehofer mit der Zeit vergessen, dass ein Journalist ihn die ganze Zeit beobachtet. Fragen sind vor- und nachher wieder erlaubt und auch geboten.

Die beste Reportage wirkt auf den Leser so, als wäre er selbst dabei. Hintergrundinformationen werden aus der Perspektive des Protagonisten geschickt eingestreut. Um diese zu erhalten, ist natürlich auch eine weiterführende Vorrecherche neben der Hauptfigur wichtig, wie sie in den verschiedenen Kapiteln dieses Buchs beschrieben ist.

Protagonist: Wie in einem Porträt spielt in der Regel eine Person die Hauptrolle in einer Reportage. Die geeignete Person auszuwählen, ist eine der wichtigsten und doch häufig schwierigsten Aufgaben. „Geh mal hinaus und schreibe eine Reportage!", hat der Lokalchef einer der größeren deutschen Zeitungen zu seinen Volontären häufig gesagt. Bevor man allerdings die Redaktion verlässt, sollte man entweder bereits eine Hauptfigur gefunden haben oder zumindest wissen, wie man diese vor Ort finden will. Auch dies gehört bereits zur Recherche.

In manchen Städten gibt es eine „Lange Nacht der Museen". Wer darüber eine Reportage schreiben will, kann sich zum Beispiel ein Pärchen im Vorfeld suchen, das er die ganze Zeit über begleitet und aus dessen Perspektive er die Erfahrungen und Erlebnisse der Nacht schildert. Er muss – auch deshalb ist die Vorrecherche so wichtig – sich aber sicher sein können, dass das Pärchen nicht nach einer Station lieber in die Kneipe nebenan geht. Er muss auch wissen, ob das Pärchen eine mög-

---

[2] Spiegel-Text „Am Stellpult", Autor René Pfister: Ausgabe 33/2010 vom 16.8.2010, Seite 41.

lichst breite Auswahl an Museen ansteuert oder nur in der Pinakothek den ganzen Abend verbringt (schließlich geht es auch darum, eine Handlung zu schildern). Und er muss sich sicher sein können, dass das Pärchen am Ende des Abends nicht sagt: „Fotografieren wollen wir uns nicht lassen, und unsere Namen schreiben Sie bitte auch nicht in die Zeitung!".

Alle Sinne spielen in Reportagen eine Rolle. Um möglichst viele Gefühle beim Leser zu wecken, geht es nicht nur um Hören und Sehen, sondern auch um Tasten, Schmecken und Riechen. Details spielen eine Rolle: In einem Porträt wurde der frühere Daimler-Vorstandsvorsitzende Jürgen Schrempp als ein Manager mit Ecken und Kanten dargestellt – beschrieben wurde auch seine kantige (und eben nicht runde) Brille, die sinnbildlich dafür stand.

Die Details müssen für den Text aber eine Bedeutung haben, sie dürfen nicht nur ihrer selbst wegen in die Reportage einfließen. Da man häufig erst nach der Recherche beim Schreiben weiß, welche Details wichtig und welche irritierend und störend sind, sollte man sich möglichst viel notieren. Ein Tipp: Es ist heute relativ einfach, mit dem Smartphone ab und zu auch ein Foto zu machen, das nicht zum Veröffentlichen gedacht ist, sondern um Details für eine spätere Beschreibung festzuhalten.

Weiterführende Literatur

Ulrich Fey/Hans-Joachim Schlüter, Reportagen schreiben. Von der Idee bis zum fertigen Text (Berlin: Zeitungs-Verlag, 3. Aufl. 2006).

Michael Haller: Die Reportage (Konstanz: UVK, 5. Aufl. 2008).

8.3 Recherche für Features

Recherche für ein Feature bedeutet vor allem Fleißarbeit. Für keine andere Darstellungsform muss man mit so vielen verschiedenen Personen Gespräche führen wie für ein Feature.

Zum Jäger und Sammler wird man, wenn man für ein Feature recherchiert. Man recherchiert Beispiele, Statistiken, Zitate und Anekdoten. Das wichtigste jedoch, was man suchen sollte, ist zu Beginn eine Hypothese, die nach deren Verifizierung zur Kernaussage (These) wird.

Aufbau eines Features

- Szene, Beispiel, Anekdote oder Zitat als Einstieg
- Kernaussage (These) zu Beginn des zweiten Absatzes
- weitere Szenen, Beispiele, Zitate, Anekdoten etc., um die These zu belegen

Der **These** ordnet sich der gesamte Text unter. Der Einstieg führt mit einem konkreten Beispiel oder einer konkreten Szene zur Kernaussage hin, also vom speziellen Einzelfall geht es weiter zur Verallgemeinerung. Es handelt sich beim Feature also nicht (wie bei der Reportage womöglich) um die ausdrucksstärkste und spannendste Szene, sondern um diejenige, die am besten in der These münden kann.

An früherer Stelle wurde in diesem Buch das Beispiel mit einem Artikel über Seniorenstudenten genannt. Wenn man sich für die These entscheidet, Seniorenstudenten nerven die jüngeren Kommilitonen, sollte auch der Einstieg darauf hinführen. Man könnte also die Szene beschreiben, wie im Hörsaal die älteren Semester die ersten Reihen blockieren und die jüngeren auf den Treppenstufen Platz nehmen müssen. Oder man könnte beschreiben, wie bei der Vergabe von Referaten als erstes die Finger der Senioren nach oben gehen – und ein regulärer Student im dritten Semester in Folge überhaupt kein Referatsthema mehr ergattern kann.

Wenn man beschreiben möchte, dass Seniorenstudenten vor allem Geschichte studieren, würde man einen völlig anderen Einstieg wählen. Um zu dieser These hinzuführen, würde man womöglich beschreiben, wie ein Seniorenstudent extra wegen Willy Brandt früher in die SPD eingetreten ist und dass er sich diese Zeit auch wissenschaftlich aufgearbeitet noch einmal anhören möchte.

Abgrenzung zum Bericht und zur Reportage

- Das Feature verbindet vor allem Elemente von Bericht und Reportage.
- „Das Feature analysiert das Dahinter, spricht dabei aber die Sinne an" (ABC des Journalismus).
- Ein Feature versucht eine These zu belegen.
- Zahlen und Daten werden anschaulich dargestellt.

- Unterschiedliche Szenen mit rotem Faden, aber keine geschlossene Handlung wie in einer Reportage.

Alle Beispiele, Zitate, Aussagen und weiteren Anekdoten dienen im Feature nun dazu, die These zu stützen. Dadurch entsteht automatisch ein roter Faden, der den Text von einer bloßen Stoffsammlung unterscheidet. Weil es darum geht, die These mit Fakten und Aussagen zu belegen (und nicht mit Argumenten wie in einem Kommentar, der ansonsten vom Aufbau einem Feature durchaus ähnlich ist), sind möglichst viele Rechercheinterviews nötig. Schließlich soll die Kernaussage auch belastbar sein.

Ein kleiner Tipp am Rande: Features eignen sich vor allem für freie Journalisten. Während die Redaktion oftmals einen Zeitvorsprung hat, weil sie die Pressemitteilungen früher erhält und ein engmaschigeres Informantennetzwerk hat, können freie Journalisten einzelne Nachrichten zu einem Feature zusammenfügen und müssen nicht zwingend tagesaktuell arbeiten. Ein Beispiel: Eine Serie an Motorradunfällen auf kurvigen Strecken im Landkreis lässt sich weiter recherchieren. Was sagt die Polizei dazu? Was der ADAC? Gibt es zu wenige Geschwindigkeitsbegrenzungen? Waren die Fahrer zu unvorsichtig? Waren die Straßenbeläge nach der langen Frostperiode im Winter schuld?

Weiterführender Weblink

www.christianbleher.de

Weiterführende Literatur

Christian Bleher, Journalisten-Werkstatt: Das Feature, in: Medium Magazin 03/2011.

8.4 Recherche für Pressemitteilungen

Vieles in diesem Buch gilt für die Recherche sowohl von Journalisten als auch von Mitarbeitern von Pressestellen, Wahlkreismitarbeitern von Abgeordneten oder anderen, die sich professionell Informationen beschaffen müssen. Journalisten haben (wie vor allem im Kapitel „Rechtliche Aspekte der Recherche" beschrieben) einige Privilegien. Oftmals unterscheidet sich die Recherche aber nicht.

Auch im Bereich der Public Relations kann es für Leser eines Geschäftsberichts spannender sein, eine Reportage zu lesen statt ausschließlich trockener Berichte

Abb. 8.1 Aktuell und originell: So will Sixt in der Werbung auftreten. Manchmal schießt das Unternehmen aber über das Ziel hinaus und erntet auch Kritik (Sixt)

(wie dies große Unternehmen teilweise längst machen). Im Bereich der internen Kommunikation kann ein Porträt vielleicht sogar interessanter sein als der Speiseplan der Kantine. Hier gelten dieselben Regeln für die Recherche. Auch hier ermüdet die Leser ein chronologisch abgefasster Lebenslauf.

Für Pressemitteilungen kann man aus einem reichlichen Fundus an Informationen schöpfen: Als Pressesprecher hat man die Experten direkt bei sich im Unternehmen oder im Verband sitzen, dort sind auch die Menschen, die für Geschichten stehen können (Stichwort *Storytelling*). Natürlich ist es der größte Trumpf für einen Pressereferenten, im eigenen Unternehmen möglichst gut vernetzt zu sein, um all diese kleinen und großen Geschichten überhaupt zu kennen.

Über den Tellerrand sollte man trotzdem blicken: Was lässt sich über Konkurrenzunternehmen herausfinden? Sollte man womöglich dem Journalisten als Service die Recherche gleich mitliefern, dass das andere Unternehmen stagnierende Umsatzzahlen hat, man selbst aber erneut einen Rekordgewinn einfährt? Sogar gemeinsame Pressekonferenzen mit dem Wettbewerb sind denkbar und spannend. Schließlich kann der Journalist anschließend besser einordnen, wie erfolgreich das eigene Unternehmen im Marktvergleich war.

Pressereferenten sollten einen Blick für das Alltagsgeschehen haben und in Pressemitteilungen womöglich daran anknüpfen. Das darf aber nicht verkrampft und gezwungen wirken.

Wenn Pressestellen auf Themen aufspringen, die gerade im Fokus stehen, ist die Wahrscheinlichkeit deutlich höher, dass die Inhalte medial verwertet werden. Wenn in einer Stadt sich die Zahl der Wohnungseinbrüche beispielsweise häuft, hat eine Firma für Sicherheitstechnik höhere Chancen, wahrgenommen zu werden.

Auch in der Werbung funktioniert das Aktualitätsprinzip (Abb. 8.1). Der Mietwagenverleiher Sixt geht regelmäßig in seiner Werbung auf aktuelle politische Debatten ein: „Mehr Sitze als die FDP" lautete genauso ein Werbespruch wie „Für alle, die #Neuland entdecken wollen" mit einem Bild eines Autos und Bundeskanzlerin Angela Merkel.

Weiterführende Literatur

Gabriele Hooffacker/Peter Lokk: Pressearbeit praktisch (Berlin: Econ 2011)

9 Ausbildung, Stipendien, Crowdfunding

> **Zusammenfassung**
>
> Wo werden Seminare zum Thema Recherche angeboten? Wie kann ich mich weiterbilden? Davon und wie man als freier Journalist investigative Recherchevorhaben durch Stipendien oder Crowdfunding finanzieren kann, handelt dieses Kapitel.

9.1 Aus- und Fortbildung

Recherche-Seminare werden sowohl in Medienstudiengängen an Universitäten und Hochschulen als auch an Akademien angeboten.

In Journalistik- bzw. Journalismus-Studiengängen sind Lehrveranstaltungen zu diesem Themengebiet in der Regel obligatorisch. Welche Schwerpunkte in den Recherche-Seminaren an den Universitäten und Hochschulen gelegt werden, unterscheidet sich relativ stark.

Ein paar Beispiele: So steht im Bachelorstudiengang Journalistik der Technischen Universität Dortmund im Modul „Journalistische Vermittlung" die Recherche laut Modulhandbuch im Mittelpunkt. Seit dem Wintersemester 2014/2015 besteht die Möglichkeit, den Studienschwerpunkt Datenjournalismus zu wählen. Im Journalistik-Studium der Katholischen Universität Eichstätt-Ingolstadt sind nicht nur die journalistische Recherche, sondern darüber hinaus auch die Grundlagen der Empirischen Sozialforschung Bestandteile des Studiums. Recherche wird ebenfalls gelehrt im Masterstudiengang „Journalistik und Kommunikationswissenschaft" an der Universität Hamburg. Beim Bachelorstudiengang Technikjournalismus an der Technischen Hochschule Nürnberg Georg Simon Ohm gibt es ebenso eine eigene Lehrveranstaltung zum Thema wie beim Masterstudiengang Medien-Ethik-Religion an der Friedrich-Alexander-Universität Erlangen-Nürnberg (an beiden lehrt der Autor).

Einen Überblick zu Journalismus-Lehrgängen im deutschsprachigen Raum bietet die „Einführung in den praktischen Journalismus" von Walther von La Roche, fortgeführt von Gabriele Hooffacker und Klaus Meier.
Journalistenakademien bieten einzelne Kurse an. Beispielsweise hat die Akademie der Bayerischen Presse sogar ein spezielles mehrtägiges Seminar zur „Investigativen Recherche" und auch Interview-Seminare im Programm (www.a-b-p.de). Auch die Akademie für Publizistik in Hamburg (www.akademie-fuer-publizistik.de) oder die Evangelische Journalistenschule in Berlin (www.evangelische-journalistenschule.de) bieten verschiedene Seminare an. Die ARD.ZDF medienakademie informiert in Tagesseminaren in Hannover über journalistische Recherche im Internet: Die Akademie mit ihrem Hauptsitz in Nürnberg setzt dabei verschiedene Schwerpunkte, zum Beispiel auf Datenbanken, soziale Netzwerke oder Suchmaschinen wie Google oder Bing.

Eine Übersicht über (Recherche-)Seminare verschiedenster Anbieter gibt der Deutsche Journalisten-Verband in seinem monatlichen Bildungs-Newsletter (www.djv.de). Der DJV bzw. dessen Landesverbände bieten auch selbst Seminare und teilweise auch Webinare an, ebenso wie die Deutsche Journalistinnen- und Journalisten-Union in ver.di (dju.verdi.de). Speziell für Lokaljournalisten organisiert die Bundeszentrale für politische Bildung Tagungen in ihrem Lokaljournalistenprogramm (www.bpb.de/gesellschaft/medien/lokaljournalistenprogramm).

Das „netzwerk recherche" bietet spezielle Kurse für Dozenten an, um diese für Recherche-Seminare weiterzubilden (http://bisher.netzwerkrecherche.de/Train-the-Trainer). Diese richten sich nach Angaben auf deren Website nicht nur an Trainer und Mentoren in Journalistenschulen, Universitäten, Verlagen und Sendern, sondern auch an Informationsbroker, Researcher in Großunternehmen oder Ermittler, die Defizite für ihre Aus- und Weiterbildung beseitigen wollen.

Weiterführende Weblinks

www.medienwiki.org

www.praktischer-journalismus.de

www.studienwahl.de

www.hochschulkompass.de

Weiterführende Literatur

Sarah Becker/Markus Kaiser (Hrsg.), Berufe in den Medien (München: Verlag Dr. Gabriele Hooffacker, 2014).

Walther von La Roche, Einführung in den praktischen Journalismus (Wiesbaden: Springer VS, 19. Aufl. 2013).

9.2 Stipendien

Aufwändige bzw. investigative Recherche gilt in vielen Redaktionen als Luxus, für die häufig ein zu geringer Etat und zu wenig Zeit nur zur Verfügung stehen. Für freie Journalisten ist die Lage oftmals noch deutlich schwieriger: Sie treten mit ihrer Recherche in Vorleistung auf die Gefahr hin, dass am Ende nichts herauskommt, sie niemanden einen Text oder Fernsehbeitrag verkaufen können, da sich der Skandal oder die Machenschaften schließlich doch nicht als berichtenswert herausstellen. Ein Recherchestipendium ist daher häufig die einzige Möglichkeit, um sich intensiver in ein Thema einzuarbeiten.

Das „netzwerk recherche" vergibt selbst Stipendien und bietet auf seiner Website eine Übersicht über weitere (http://bisher.netzwerkrecherche.de/ Stipendien). Bewerbungen können an info@netzwerkrecherche.de oder per Post an das netzwerk recherche, Greifswalder Straße 4, 10405 Berlin, geschickt werden. Über die Vergabe der Stipendien entscheidet der Vorstand. Es gibt keine speziellen Bewerbungstermine. Im Jahr 2012 sind sechs, im Jahr 2013 vier Projekte unterstützt worden. Die Bandbreite der Medien, in denen publiziert worden ist, ist groß: Vom „Spiegel" über die „Frankfurter Allgemeine Zeitung" und der „tageszeitung" bis hin zur „Münsterschen Zeitung" reicht das Portfolio. Auch die Themenvielfalt ist groß und reicht von Beiträgen über die Tea Party über die Pius-Bruderschaft bis hin zur Energie und Lobbyismus.

n-ost – das Netzwerk für Osteuropaberichterstattung organisiert Recherchereisen und vergibt Stipendien (www.n-ost.org/reisen_stipendien). Auf den Recherchereisen organisieren Korrespondenten Gespräche mit Politikern, Experten, Unternehmern und Vertretern der Zivilgesellschaft, planen Exkursionen und ermöglichen den Austausch auch mit einheimischen Kollegen. Bei den Recherchestipendien fördert n-ost Journalisten, die sich in ein Thema eingearbeitet haben und konkrete Rechercheplände vorlegen. Der vergleichende Blick in verschiedene Länder und Regionen soll dabei die Debatten von einer nationalen auf die gesamteuropäische Ebene heben.

Das Deutsche Institut für Menschenrechte schreibt ein Recherche-Stipendium zu wechselnden Themen aus. Das Institut will mit der Vergabe des Stipendiums Journalisten anregen, aktuelle Themen aus menschenrechtlicher Perspektive zu bearbeiten. Voraussetzung für die Bewerbung ist, dass man in Deutschland lebt und arbeitet sowie in deutschsprachigen Medien publiziert (www.institut-fuer-menschenrechte.de).

Bei **„Grenzgänger"** handelt es sich um ein Programm der Robert-Bosch-Stiftung in Zusammenarbeit mit dem Literarischen Colloquium Berlin. Autoren können bei Recherchen für Veröffentlichungen im deutschsprachigen Raum

Unterstützung erhalten, die die Länder Mittel-, Ost- und Südosteuropas sowie Nordafrikas als Thema grenzüberschreitend und für ein breites Publikum aufbereiten (http://www.bosch-stiftung.de/content/language1/html/1100.asp).

Der Europäische Fund für Investigativen Journalismus (EFIJ) vergibt ebenfalls Recherchestipendien. Insgesamt stehen 25.000 Euro für journalistische Projekte bereit, die sich grenzüberschreitenden investigativen Recherchen und/oder investigativen Recherchen über Europäische Angelegenheiten widmen. Ein Ziel der Förderung ist auch, Kooperationen zwischen investigativen Journalisten aus verschiedenen Ländern zu fördern (www.journalismfund.eu).

Die Otto-Brenner-Stiftung bietet regelmäßig Stipendien an und vergibt einen Preis (www.otto-brenner-preis.de). Die Stiftung will damit einen „kritischen Journalismus" fördern und legt deshalb ihr Hauptaugenmerk auf Themen zum Beispiel aus den Bereichen „unternehmerische Verantwortung", „Macht- oder Amtsmissbrauch", „Diskriminierung", „Manipulation der öffentlichen Meinung", „Missmanagement" oder „Korruption".

Eine Stipendien-Datenbank bietet der „journalist", das Organ des Deutschen Journalisten-Verbands, auf seiner Website unter www.journalist.de/karriere/stipendien.html an. Wie speziell Recherchestipendien bislang genutzt worden sind, darüber hat der „journalist" außerdem online berichtet (www.journalist.de/ratgeber/handwerk-beruf/tipps-fuer-den-berufsalltag/recherchestipendien-zeit-ist-geld.html).

9.3 Crowdfunding

Eine Alternative zu Recherchestipendien und zur Finanzierung durch Redaktionen ist für Journalisten, sich ihre Recherchevorhaben per Crowdfunding finanzieren zu lassen. Bevor man sein Projekt auf eine Plattform wie Startnext einstellen kann, bedarf es aber einiger Vorrecherche. Denn nur wenn das Thema bereits klar umrissen werden und auf der Plattform dargestellt werden kann, lassen sich Unterstützer für das Projekt finden. Das Prinzip ist einfach: Man stellt sein Thema vor und sammelt von Unterstützern online zahlreiche kleinere Beträge ein.

Als Journalist muss man vorab allerdings abschätzen, was die Recherche kosten wird bzw. welchen Anteil der Gesamtkosten man über die *Crowd* einspielen möchte. Setzt man den Betrag zu niedrig an, geht einem womöglich bei einer langwierigen Recherche die Luft aus und man kann das Projekt doch nicht zufriedenstellend umsetzen. Wählt man einen zu hohen Betrag, könnte das gesamte Projekt womöglich scheitern. Denn nur wenn die eingestellte Mindestsumme erreicht wird, wird diese auch ausbezahlt und das Recherchevorhaben kann umgesetzt werden.

9.3 Crowdfunding

Auf Startnext gibt es eine spezielle Kategorie für Journalisten (https://www.startnext.de/projekte/category/journalism). Unter dem Titel „Deutsche Überwachungsexporte" schreibt ein Journalist beispielsweise:

> Ich möchte wissen, wie die deutsche Regierung den Verkauf von Überwachungstechnologie in andere Länder unterstützt hat. Da ich auf meine Fragen keine ausreichenden Antworten erhalte, habe ich das Innenministerium und das Wirtschaftsministerium 2013 verklagt. Das Verwaltungsgericht Berlin hat mir vor einigen Wochen weitgehend Recht gegeben. Doch die Ministerien wehren sich weiter gegen die Herausgabe der Informationen. Jetzt brauche ich Deine Hilfe bei der Finanzierung der zweiten Instanz.

Über 13.000 Euro eingesammelt und damit sein Ziel übererfüllt hat beispielsweise ein Journalist, der unter dem Titel „Unerhört. Ungeklärt. Ungesühnt. Das Buch zum Wasserwerferprozess" für sein Projekt geworben hat:

> Die Bilder des brutalen Polizeieinsatzes am 30. September 2010 zur Räumung des Schlossgartens für das Bahnprojekt Stuttgart 21 gingen damals um die Welt. Vier Jahre danach hat sich bei mehr als 400 Verletzten vom Schwarzen Donnerstag noch immer keiner entschuldigt, niemand aus Politik oder Polizei hat Verantwortung übernommen für beispiellose Fehlleistungen. Warum das so ist, erklärt dieses Buch am Beispiel des Wasserwerferprozesses, der Ende November 2014 ergebnislos eingestellt wurde.

Das Problem bei Crowdfunding-Projekten ist, dass die Leser entscheiden, welche Themen angepackt werden sollen und welche nicht. Dies muss sich nicht mit der Sicht des Journalisten decken. Für die Demokratie womöglich wichtige Themen könnten untergehen, sollten sich keine Unterstützer finden. Aus diesem Grund kann Crowdfunding nur als Ergänzung zu Recherchestipendien gesehen werden. Experten betonen, dass sich deshalb auch Medienunternehmen aus der Finanzierung von aufwändigen Recherchen nicht komplett zurückziehen dürfen.

Ein weiterer Nachteil von Crowdfunding ist, dass man zumindest sein Recherchethema bereits im Vorfeld offen legen muss. Wenn man allerdings beabsichtigt, undercover zu recherchieren oder zumindest das Milieu noch nicht auf sich aufmerksam machen möchte, erscheint ein Crowdfunding-Projekt ungeeignet. Allerdings gibt es auch Projekte, die nicht auf einzelne Themen, sondern ein ganzes Magazin bzw. eine Plattform setzen. Das prominenteste Beispiel aus dem Jahr 2014 ist die Plattform „Krautreporter" (https://krautreporter.de).

Andererseits bietet Crowdfunding die Möglichkeit, vorab abzuschätzen, ob das Thema eine Zielgruppe finden wird. Die „Süddeutsche Zeitung" geht ebenfalls diesen Weg fernab des Crowdfundings, indem es ihre User auffordert abzustimmen, über welches Schwerpunktthema die Online-Redaktion ein Monat lang recherchieren soll. Wenn die User eingebunden werden, spricht man bei der Recherche von Crowdsourcing.

Weiterführende Weblinks

www.journalist.de/ratgeber/handwerk-beruf/redaktionswerkstatt/so-geht-crowdfunding-eine-anleitung-in-fuenf-schritten.html

meedia.de/2014/08/05/der-journalismus-und-die-crowd-die-8-spannendsten-projekte/

www.startnext.de

www.crowdfunding.de/plattformen

The manufacturer's authorised representative in the EU is Springer Nature Customer Service Centre GmbH, Europaplatz 3, 69115 Heidelberg, Germany. If you have any concerns regarding our products, please contact ProductSafety@springernature.com

Printed and bound by CPI Group (UK) Ltd, Croydon, CR0 4YY
25/03/2026
02078216-0006